Официально-деловые документы: оформление и написание

俄语应用文写作

周海燕　编著

图书在版编目(CIP)数据

俄语应用文写作/周海燕编著. —北京：北京大学出版社，2010.1
(21世纪大学俄语系列教材)
ISBN 978-7-301-15755-8

Ⅰ.俄… Ⅱ.周… Ⅲ.俄语—应用文—写作—高等学校—教材 Ⅳ.H355

中国版本图书馆CIP数据核字(2009)第167166号

书　　　　名：	俄语应用文写作
著作责任者：	周海燕　编著
责　任　编　辑：	张　冰
标　准　书　号：	ISBN 978-7-301-15755-8
出　版　发　行：	北京大学出版社
地　　　　址：	北京市海淀区成府路205号 100871
网　　　　址：	http://www.pup.cn
电　子　邮　箱：	编辑部 pupwaiwen@pup.cn　总编室 zpup@pup.cn
电　　　　话：	邮购部 010-62752015　发行部 010-62750672　编辑部 010-62759634
印　　刷　　者：	北京虎彩文化传播有限公司
经　　销　　者：	新华书店
	787毫米×1092毫米　16开本　14.25印张　350千字
	2010年1月第1版　2024年7月第8次印刷
定　　　　价：	55.00元

未经许可，不得以任何方式复制或抄袭本书之部分或全部内容。
版权所有，侵权必究　　举报电话：010-62752024
　　　　　　　　　　　电子邮箱：fd@pup.cn

目 录

前　言 / 1
Условные сокращения
略语表 / 1

Глава I　Официально-деловой стиль русского языка
第一章　公文事务语体 / 1

1. Общая характеристика официально-делового стиля
   公文事务语体概述 / 1
2. Классификация документов официально-делового стиля
   公文事务语体分类 / 2
3. Языковые признаки официально-делового стиля
   公文事务语体的语言特点 / 3
   1) Лексические признаки официально-делового стиля
      公文事务语体的词汇特点 / 3
   2) Морфологические признаки официально-делового стиля
      公文事务语体的词法特点 / 4
   3) Синтаксические признаки официально-делового стиля
      公文事务语体的句法特点 / 5
   4) Текстовые признаки официально-делового стиля
      公文事务语体的篇章特点 / 5

Глава II　Обиходно-деловые бумаги
第二章　日常应用文 / 6

1. Заявление 申请书 / 6
2. Доверенность 委托书 / 11
3. Автобиография 履历 / 18
4. Анкета 履历表 / 22
5. Визитная карточка 名片 / 26
6. Резюме 求职简历 / 28

7. Характеристика 鉴定书 / 35

8. Рекомендательное письмо 推荐信 / 41

9. Пригласительный билет 请柬 / 45

10. Расписка 收据 / 48

11. Справка, удостоверение 证明 / 51

12. Приказ 命令 / 55

13. Протокол 会议记录 / 61

14. Докладная записка 报告书 / 67

15. Объявление 布告 / 72

Приложения
附录 / 76

附录一 俄罗斯国立莫斯科罗蒙诺索夫大学毕业证书 / 76

附录二 俄罗斯国立莫斯科罗蒙诺索夫大学毕业成绩单 / 77

附录三 白俄罗斯国立经济大学毕业证书 / 81

附录四 俄罗斯国立莫斯科罗蒙诺索夫大学翻译学院教学计划 / 82

附录五 外国人体检证明 / 85

附录六 出差证明 / 86

附录七 秘书劳动合同 / 88

Упражнения
练习 / 92

Глава III Деловое письмо
第三章 公务信函 / 98

1. Структура делового письма 公务信函的格式 / 98

2. Классификация деловых писем 公务信函的分类 / 106

   1) Письмо-просьба 请求函 / 107

   2) Письмо-сообщение 通知函 / 113

   3) Письмо-приглашение 邀请函 / 119

   4) Письмо-благодарность 感谢函 / 124

   5) Письмо-подтверждение 确认函 / 128

   6) Сопроводительное письмо 送件函 / 131

   7) Письмо-запрос 询问函 / 136

   8) Письмо-ответ 回复函 / 141

   9) Гарантийное письмо 保证函 / 144

   10) Рекламация 索赔函 / 148

Приложения
附录 / 154

附录八 Образцы написания адреса на почтовых отправлениях / 154

附录九　贸易术语《ИНКОТЕРМС 2000》部分介绍 / 158
　　附录十　外贸合同 / 160

Упражнения
练习 / 167

Глава IV　Дипломатические документы
第四章　外交文书 / 173
　　1. Личная нота 正式照会 / 175
　　2. Вербальная нота 普通照会 / 179
　　3. Меморандум 备忘录 / 184
　　4. Частное письмо полуофициального характера 外交便函 / 189
　　5. Телеграмма 电报 / 192
　　6. Совместное коммюнике 联合公报 / 195
　　7. Декларация 声明 / 198

Приложения
附录 / 203
　　附录十一　Требования к дипломатическим документам / 203
　　附录十二　对外文书使用的要求 / 207

Упражнения
练习 / 208

Литература
参考文献 / 215

前　言

　　应用文，顾名思义，是指人们在生活、学习、工作中经常使用的文书，它属于公文事务语体（официально-деловой стиль），是书面语体的一种。公文事务语体可以分为正式公文（официально-документальный стиль）和日常公文（обиходно-деловой стиль）两个分语体，前者包括立法文件（законодательный документ）和外交文书（дипломатический документ），后者包括公务信函（деловое письмо）和日常应用文（деловые бумаги）等。据此，本书主要介绍日常应用文、公务信函和外交文书等三种应用文，暂不涉及立法文件。应用文不仅要求措辞准确、逻辑严密、行文简练，而且还常有特定的格式、专门用词和套语。俄语学习者有必要了解应用文的必需要项和行文规范并学会撰写应用文。

　　本书共分绪论、日常应用文、公务信函、外交文书等四章。第一章简要介绍了应用文所隶属的公文事务语体的使用场合、分类方法及写作特点。第二至第四章分别对日常应用文、公务信函和外交文书的行文特点和书写格式等进行了详细的介绍，以帮助学习者掌握其写作方法和技巧。每章均包括正文、生词注释、附录和练习四个部分。具体如下：

　　一、正文：该部分介绍了32类应用文，其中日常应用文15类，公务信函10类，外交文书7类。为了方便读者对比中俄文应用文撰写的异同，在介绍每类应用文时采用了俄文和中文平行的排版形式，并为每类例文配有汉语参考译文。

　　二、生词注释：生词注释是对正文中出现的生词和短语的解释。

　　三、附录：本书共有12个附录，其中包括不方便归类的应用文以及关于某类应用文的总体介绍等。附录后面也附有生词注释。

　　四、练习。对于学习者来说，只有通过练习和模仿才能掌握应用文的写作技巧。本书配有翻译（俄译汉和汉译俄）、写作和填写应用文表格等多种形式的练习，帮助学习者巩固关于应用文写作的知识。汉译俄练习还配有参考答案。

　　本书适用于高等学校俄语专业三年级下学期或四年级上学期学生学习使用，也可供有一定俄语基础的自学者学习和参考。

　　本书主要取材于俄罗斯近些年出版的有关专著、教科书以及中国和俄罗斯的相关网站。本书稿曾全部以俄文编写，并连续三年在北京大学俄语专业试用。

　　本书在编写过程中，得到了很多朋友、同事的大力支持，尤其是对外经济贸易大学的陆勇教授、北京大学的王辛夷教授、北京大学俄语和乌克兰语专家贝科娃（Г. П. Быкова），他们多次对书稿进行认真审读，从内容到形式均提出了许多中肯的建议和意见。谨在此一并表示衷心感谢。

还要感谢北京市教育委员会将本书列入北京高等教育精品教材建设立项项目，感谢北京大学教材建设委员会、北京大学教务部将本书列入北京大学教材建设立项项目，感谢北京大学出版社外语编辑部主任张冰老师的支持和帮助。

由于编者水平有限，疏漏和错误在所难免，诚挚希望使用《俄语应用文写作》的教师、同学及读者批评指正，来信请寄 hyzh906@yahoo.com.cn，编者将不胜感激。

周海燕
2009 年 3 月于北京大学

Условные сокращения
略 语 表

ак. — академик 院士

г. — город 市

гр. — гражданин 公民

г-н — господин 先生

г-жа — госпожа 女士

г. р. — год рождения 生年

д. — дом 楼

д. и. н. — доктор информационных наук 信息学博士

д. т. н. — доктор технических наук 技术科学博士

д. э. н — доктор экономических наук 经济学博士

д-р — доктор 博士

др. — другие 等等

зав. — заведующий 主任

зам. — заместитель 副职

и. о. — исполняющий обязанности 代理……职务的, 代……(的)

и. т. д. — и так далее 等等

и. т. п. — и тому подобное 诸如此类

инж. — инженер 工程师

ин-т — институт 学院; 研究所

к. т. н. — кандидат технических наук 技术科学副博士

к. филол. н. — кандидат филологических наук 语言文学副博士

к. э. н. — кандидат экономических наук 经济学副博士

кв. — квартира 住宅

корп. — корпус 楼房

л. — лист 页

млн. — миллион 百万

млрд. — миллиард 十亿

м. п. — место печати 盖章处

наб. — набережная 沿河街

наст. время — настоящее время 现在

обл. — область 州

п. — пункт 项

пер. — переулок 胡同

пос. — поселок 镇

пр. — проспект 大街

проф. — профессор 教授

р-н — район 区

руб. — рубль 卢布

с. — село 村

с. г. — сего года 今年的

ст. — статья 条款

стр. — строение 建筑物,楼房

т. е. — то есть 即,就是说

тел. — телефон 电话

тыс. — тысяча 一千

ул. — улица 街道

экз. — экземпляр 份数

АКБ — акционерный коммерческий банк 股份商业银行

АОЗТ — акционерное общество закрытого типа 封闭型股份公司

АТР — азиатско-тихоокеанский регион 亚太地区

ГОСТ Р — Государственный стандарт России 俄罗斯国家标准

ЖЭУ — жилищно-эксплуатационный участок 地段房管所

ЗАГС — запись актов гражданского состояния 户籍登记

ЗАО — закрытое акционерное общество 封闭型股份公司

ИСАР — информационная система архивистов России 俄罗斯档案专家信息系统

ИССАО — информационно-справочная система архивной отрасли 档案部门信息查询系统

ИЧП — индивидуальное частное предприятие 个体私营企业

МАРО — Международная ассоциация «Развивающее обучение» 发展教育国际协会

МИД — Министерство иностранных дел 外交部

НИИ — научно-исследовательский институт 研究所

НПО — научно-производственное объединение 科研生产公司

ОАО — открытое акционерное общество 开放型股份公司

ОВД — отдел внутренних дел 内务处

ОКПО — Общероссийский классификатор предприятий и организаций 全俄企业和机构的分类目录

ОКУД — Общероссийский классификатор управленческой документации 全俄行政管理文件分类目录

ООН — Организация Объединенных Наций 联合国

ООО — общество с ограниченной ответственностью 有限责任公司

ПК — персональный компьютер 个人电脑

РАН — Российская академия наук 俄罗斯科学院

РО — развивающее обучение 发展教育

РОСТО — Российская оборонная спортивно-техническая организация 俄罗斯国防体育技术组织

РЭА — Российская экономическая академия 俄罗斯经济学院
СМИ — средства массовой информации 大众传媒
ТК — трудовой кодекс 劳动法典
ТНП — товары народного потребления 日用消费品
ТОО — товарищество с ограниченной ответственностью 有限责任公司
УМО — учебно-методическое объединение 教学法协会
ЦБ — Центральный банк 中央银行
ШОС — Шанхайская организация сотрудничества 上海合作组织

Глава I Официально-деловой стиль русского языка
第一章 公文事务语体

1. Общая характеристика официально-делового стиля
公文事务语体概述

Официально-деловой стиль — это функциональная разновидность русского литературного языка, которая обслуживает правовую и административно-общественную сферы деятельности. Этот стиль удовлетворяет потребность общества в документальном оформлении разных документов с целью регулирования деловых и правовых отношений между гражданами и государством, между гражданами и учреждениями, между гражданами и т. д. Жанры официально-делового стиля выполняют информационную, предписывающую, констатирующую функции в различных сферах деятельности общества, поэтому основной формой реализации этого стиля является письменная. К текстам этого стиля относятся закон, приказ, нота, заявление, автобиография, деловое письмо и др.

Официально-деловой стиль характеризуется стандартизацией（程式化）, точностью（准确性）, официальностью（正式性）, безличностью（非私人性）, логичностью（逻辑性）, лаконичностью（简约性）и др.

公文事务语体是为法律和行政社会等活动领域服务的俄语标准语的功能变体，用于拟定各种文件，以调节公民与国家之间、公民与机构之间以及公民内部的各种事务关系和法律关系。各类公文事务语体在不同的社会活动领域发挥着传递信息、命令及确定功能，因此该语体经常采用书面形式。属于该语体的文书有法律、命令、照会、申请书、履历、公务信函等。

> правовой 法律的，法制的
> административно-общественный 行政社会的
> регулирование 调节，调整
> предписать-предписывать 发命令，指令
> констатировать 确认，确定
> стандартизация 标准化，程式化
> приметный 显著的，明显的；看得出来的
> трафарет 样板，模板；刻板的公式

Стандартизация — одна из наиболее приметных черт официально-делового стиля. Процесс стандартизации развивается в основном в двух направлениях: а) в широком использовании готовых, уже утвердившихся словесных формул, трафаретов; б) в

1

фиксированности набора реквизитов и определенном их расположении.

Особые требования при изложении текста официально-делового стиля предъявляются в отношении точности, ясности выражения мысли. Содержание документа должно быть передано максимально точно.

> фиксированность 固定性，确定性
> реквизит 要素，要项
> корректный 恰当的，得体的
> избыточность 过剩，多余

Точность изложения предполагает однозначность понимания содержания, приведенного в документе, и автором текста, и его адресатом. Требования точности изложения достигаются употреблением специальной терминологии, использованием устойчивых языковых формул, использованием уточнений, дополнений в виде вводных слов, причастных и деепричастных оборотов и т. д.

Официальность проявляется в строгости изложения, слова употребляются обычно в своих прямых значениях, образность, как правило, отсутствует.

Официально-деловому стилю свойственна своего рода *безличность* выражения, точнее, неличный характер общения. За исключением некоторых немногих жанров (приказы, заявления), изложение осуществляется не от лица конкретного пишущего, но от лица организации, государства.

Логичность изложения в деловой речи — это корректное использование сложных подчиненных предложений с союзами, передающими логические отношения (причины, следствия, условия); корректное использование всякого рода уточнений, деепричастных оборотов, вставных конструкций; развитие смысловых отношений с помощью сложных союзов и предлогов (*вследствие того, что*).

Лаконичность изложения текста письма достигается экономным использованием языковых средств, исключением речевой избыточности.

2. Классификация документов официально-делового стиля
公文事务语体分类

Официально-деловой стиль часто применяется в таких ситуациях делового общения:

* организация — организация (деловое письмо)
* человек — организация (заявление, резюме)
* организация — человек (приказ)

> охватить-охватывать 包括，包罗

Ситуация общения определяет жанр официально-делового документа. Содержание конкретного документа охватывает множество деловых обстоятельств, но документ соответствует не каждому отдельному обстоятельству, а стандартной ситуации в целом, поэтому выбирается стандартизованная (соответствующая единому образцу) форма документа и стандартизованный язык документа.

С формальной точки зрения документ представляет собой набор реквизитов (элементов содержания). Реквизиты перечислены в ГОСТе Р 6.30-2003 (俄罗斯国家标准). Всего реквизитов 30.

Если говорить о структуре официально-делового стиля, то он подразделяется на две разновидности, два подстиля: официально-документальный и обиходно-деловой.

В первый можно включить дипломатические документы и законодательные документы, а во второй — деловое (служебное) письмо, обиходно-деловые бумаги. Схематически это можно представить следующим образом:

3. Языковые признаки официально-делового стиля
公文事务语体的语言特点

1) Лексические признаки официально-делового стиля
公文事务语体的词汇特点

Лексическая (словарная) система официально-делового стиля, кроме общекнижных и нейтральных слов, включает:

1) языковые штампы (канцеляризмы, клише): *ставить вопрос, на основании решения, входящие-исходящие документы, по истечении срока*;

2) профессиональную терминологию: *недоимка, алиби*;

В этой системе отсутствует эмоциональная и разговорная лексика.

В официально-деловом стиле недопустимо употребление

штамп 印戳；刻板公式，陈规旧套

канцеляризм 公文用语

клише 套语，陈词

входящие-исходящие документы 来函和发函

по истечении срока 期满

профессиональная терминология 职业术语

недоимка 欠缴的税款

алиби〈法〉不在现场

многозначных слов, а также слов в переносных значениях, а *синонимы* употребляются крайне редко и, как правило, принадлежат одному стилю: *снабжение = поставка = обеспечение*, *платежеспособность = кредитоспособность*, *ассигнование = субсидирование* и др.

Официально-деловая речь отражает не индивидуальный, а социальный опыт, *вследствие чего* ее лексика предельно обобщена. В официальном документе предпочтение отдается *родовым понятиям*, например: прибыть (вместо *приехать, прилететь, прийти* и т. д.), транспортное средство (вместо *автобуса, самолета, "Жигули"* и т. д.), населенный пункт (вместо *деревни, города, села* и т. д.) и др.

> многозначные слова 多义词
> синоним 同义词
> платежеспособность 支付能力
> ассигнование 拨款
> вследствие чего 由于(鉴于)上述原因
> родовое понятие 类概念

2) Морфологические признаки официально-делового стиля
公文事务语体的词法特点

К морфологическим признакам данного стиля относится многократное (частотное) использование определенных частей речи (и их типов). В их числе следующие:

1) частота употребления существительных здесь выше, чем в остальных функциональных стилях;

2) широкое употребление *отглагольных существительных* (*соблюдение, лишение, признание*);

3) именной характер официально-деловой речи выражается также в большом количестве *отыменных предлогов* и союзов (*в соответствии с чем; в связи с тем, что; ввиду того, что*);

4) существительные, обозначающие должности и звания в форме мужского рода (*сержант Петрова, инспектор Иванова*);

5) инфинитивные конструкции (*провести осмотр, оказать помощь*);

6) глаголы настоящего времени в значении обычно производимого действия (*за неуплату взимается штраф...*).

7) сложные слова, образованные от двух и более основ (*работодатель, материально-технический, вышеуказанный, нижепоименованный* и т. п.).

Использование указанных форм объясняется стремлением делового языка к точности передачи смысла и однозначности толкования.

> отглагольное существительное 动名词
> отыменный предлог 由静词(名词或形容词)构成的前置词

3) Синтаксические признаки официально-делового стиля
公文事务语体的句法特点

К синтаксическим признакам официально-делового стиля относятся:

1) употребление простых предложений с однородными членами, причем ряды этих однородных членов могут быть весьма распространенными, например: *... штрафы в качестве меры административного взыскания могут устанавливаться в соответствии с законодательством России за нарушение правил техники безопасности и охраны труда в промышленности, строительстве, на транспорте и в сельском хозяйстве*;

2) наличие пассивных конструкций (*платежи вносятся в указанное время*);

3) нанизывание родительного падежа, т. е. употребление цепочки имен существительных в родительном падеже: (*результаты деятельности органов налоговой полиции...*);

4) преобладание сложных предложений, в особенности сложноподчиненных, с придаточными условными: *При наличии спора о размерах причитающихся уволенному работнику сумм администрация обязана уплатить указанное в настоящей статье возмещение в том случае, если спор решен в пользу работника*;

5) большое количество страдательных, неопределенно-личных, безличных и инфинитивных конструкций;

6) отсутствие восклицательных, вопросительных предложений;

7) стандартные обороты (В связи с тем, что...).

однородные члены предложения	句子的同等成分
цепочка	一连串，一列
преобладание	占优势
оборот	短语

4) Текстовые признаки официально-делового стиля
公文事务语体的篇章特点

1) Стандарт композиции (заголовок — название документа, зачин, текст, концовка);

2) Отбор фактов строго определен типом документа.

Глава II Обиходно-деловые бумаги
第二章　日常应用文

Обиходно-деловые бумаги охватывают множество видов документов, их можно поделить на две части: официальные и частные деловые бумаги. Официальные деловые бумаги включают в себя справку, приказ, протокол и другие, а заявление, доверенность, расписка и другие входят в частные деловые бумаги. Данная глава посвящается таким 15 видам деловых бумаг, как заявление, доверенность, автобиография, резюме, объявление и другие.

日常应用文范围很广，可以分为正式应用文和非正式（个人）应用文。前者包括证明、命令、会议记录等，后者包括申请书、委托书、收据等。本章只介绍申请书、委托书、履历、求职简历、布告等15种日常应用文。

> обиходно-деловые бумаги
> 日常应用文

1. Заявление
申请书

Заявление — документ, содержащий просьбу какого-либо лица, адресованный организации или должностному лицу учреждения. Заявление может быть написано заявителем от руки. Для написания заявления могут также использоваться специально разработанные бланки (формы).

申请书是某人向机构或机构负责人正式提出某项请求的应用文。申请书可以手写，也可在单位预先印制好的表格中填写。

Заявление состоит из следующих реквизитов:
申请书通常包括以下几个要项：

1. Наименование адресата
   收件人名称
2. Наименование адресанта (заявителя)
   发件人（申请人）名称

3. Наименование документа
   文件(申请书)名称
4. Текст заявления
   正文
5. Подпись
   签字
6. Дата
   日期

Схема расположения реквизитов заявления:
申请书各要项分布如下:

```
                                            1 _____
                                            2 _____
                                              _____

              _____ 3 _____
    _____ 4 _____
    _____
    _____
    _____ 5 _____
    _____ 6 _____
```

注意

1) 如何书写收件人名称？

收件人名称(机构名称或其负责人姓名)用"前置词 в (на)＋第四格"形式或者第三格形式写在右上方。如:"В финансовый отдел НПО "Квант"(致"量子"科研生产公司财务部); "Директору школы №12 И. А. Иванову(致第十二学校校长伊·阿·伊万诺夫)"。

2) 标题"заявление"用大写还是小写？

整个标题"заявление"可以全部大写(常见于打印稿)，并且标题之后不用标点符号。如：

> Председателю домового комитета П. С. Иванову
> жильца квартиры № 5 С. И. Петрова
>
> ЗАЯВЛЕНИЕ

也可以只是标题的首字母大写(常见于手写稿)，标题之后也不用标点符号。如:

Председателю домового комитета П. С. Иванову жильца квартиры № 5 С. И. Петрова Заявление

申请人（发件人）的姓名通常使用第二格（前置词 от 可用也可不用）形式，如：

Начальнику ЖЭУ -5 И. И. Смирнову （от）Н. И. Васильева, проживающего по адресу： ул. Вольная, д. 17, кв. 303, Санкт-Петербург Заявление

ЖЭУ （жилищно-эксплуатационный участок）地段房管所

3）如何书写正文？

正文要另起一行，通常以 Прошу + инфинитив（разрешить, допустить, предоставить）等形式开头，或者用 Ввиду того что...；В связи с тем, что...；На основании того, что...；учитывая... 等句式引出论据。

4）如何书写日期和签字？

申请者签字通常位于右下角。日期以 число — месяц — год 顺序表示，如：15 января 2008 г. 或者 15.01.2008。日期通常写在正文下面一行的左侧。如：

Заявление Прошу принять меня на должность...   Подпись 22.09.2008

例文：

Директору ЗАО Монолит И. И. Иванову Петрова Бориса Федоровича, ведущего экономиста планового отдела

ЗАЯВЛЕНИЕ

очередной 依次的；例行的

Прошу предоставить мне очередной за 2006 г. отпуск с 10 мая 2006 г.

Подпись

Дата

例文参考译文：

申 请 书

《巨石》封闭型股份公司经理伊·伊·伊万诺夫：

本人拟自 2006 年 5 月 10 日起开始 2006 年度的例行休假，请予以批准。

计划部首席经济师
鲍里斯·费奥多罗维奇·彼得罗夫

签字
日期

Образцы：

(1)

ксерокопия 复印

В отдел ксерокопий
Библиотеки Академии наук РФ
Н. И. Иванова,
проживающего по адресу:
ул. Замшина, д. 16, кв. 103,
Санкт-Петербург

Заявление

Прошу сделать мне ксерокопию фрагмента книги Костомарова В. Г. Языковой вкус эпохи — Санкт-Петербург, "Златоуст", 1999, с. 208 — 245, необходимую для научной работы.

Подпись

Дата

(2)

В отдел ЗАГС а администрации Кировского р-на г. Ярославля

Червякова Ильи Романовича,

проживающего по адресу...

ЗАЯВЛЕНИЕ

Я, Червяков Илья Романович, прошу переменить мне фамилию на "Романовский" в связи с тем, что я желаю носить фамилию деда, фактически воспитавшего меня. О себе сообщаю следующие сведения:

Время рождения: 5 апреля 1975 г.

Место рождения: г. Ярославль.

Национальность: русский.

Семейное положение: холост.

Отношение к воинской службе: военнообязанный.

Место постоянного жительства: г. Ярославль, ул. ...

Место работы, должность: РМЗ, токарь.

Сведения о детях: не имею.

Под судом и следствием не находился.

Фамилию, имя, отчество ранее не менял.

Полный перечень местностей, в которых проживал: г. Ярославль.

К ходатайству прилагаю следующие документы:

1) автобиографию;
2) свидетельство о рождении (заявителя);
3) свидетельство о смерти отца — Червякова Р. А.;
4) свидетельство о рождении матери (удостоверяет родство с дедом);
5) справку из домоуправления о совместном проживании с дедом.

Предъявляю паспорт серии XXI-ДА N 555555, выдан 20 октября 2001 г. ОВД Кировского р-на г. Ярославля.

Об ответственности за дачу ложных сведений предупрежден.

Подпись

8 января 2007 г.

ЗАГС (запись актов гражданского состояния)
户籍登记

военнообязанный
预备役军人

РМЗ (ремонтно-механический завод)
机修厂

токарь 旋工，车工

ходатайство 申请书

(3)

```
                                          Директору ЗАО Монолит
                                                  И. И. Иванову
                                          Сергеева Бориса Николаевича,
                                                 экономиста цеха № 2

                       ЗАЯВЛЕНИЕ

    Прошу перевести меня на должность ведущего экономиста планового отдела, так
как я окончил экономический факультет института.

                                                              Подпись
    Дата
```

2. Доверенность
委托书

полномочие 全权,权力
доверитель 委托人
доверенный 被委托人, 受托人

Доверенность — письменно оформленное полномочие, выдаваемое одним лицом (доверителем) другому лицу (доверенному) для представительства перед третьими лицами.

委托书是委托人书面授予某人(被委托人)全权、以委托人的名义办理某项事务的应用文。

По объему полномочий различают три вида доверенностей:
1. Разовая — на совершение одного конкретного действия (например, на получение заработной платы).
2. Специальная — на совершение каких-либо однородных действий (например, доверенность юрисконсульту предприятия для выступлений в арбитраже).
3. Общая (генеральная) — на общее управление имуществом доверителя.

按照所授予的权限,委托书可以分为以下三类:
1. 一次性委托,如委托领取工资。
2. 专项委托,委托办理某一类事务,如委托企业法律顾问作为代理人出席仲裁听证。
3. 普通委托,如委托他人管理其财产。

однородный 同类的, 同样的
юрисконсульт 法律顾问
арбитраж 仲裁,仲裁法庭

В соответствии с Гражданским кодексом Российской Федерации максимальный срок действия доверенности составляет 3 года; если срок действия не указан в самой доверенности, то она сохраняет силу в течение 1 года со дня ее совершения. Доверенность, в которой не указана дата, недействительна.

依照俄罗斯联邦民法，委托书有效期最长为三年。如果委托书中未指明有效期，则自签字之日起一年内有效。不标注日期的委托书无效。

Для некоторых видов доверенности (например, доверенность на совершение сделок) закон предусматривает обязательное нотариальное удостоверение. Доверенность от имени государственной организации выдается за подписью ее руководителя с приложением печати этой организации. На личной доверенности должна стоять подпись должностного лица, заверившего доверенность, а также печать организации, в которой работает или учится доверитель, или печать ЖЭКа по месту жительства.

法律规定，必须对某些委托书（如进行交易的委托书）进行公证。以国家机构名义签发的委托书，需要其领导人签字并加盖机构印章。个人委托书应有证明该委托书的负责人签字，并加盖委托人工作或学习机构的印章或者加盖委托人居住地房管处的印章。

> нотариальный 公证的
> ЖЭК（жилищно-эксплуатационная контора）房管处

Реквизиты доверенности:
委托书要项：

1. Наименование документа
   文件名称

2. Наименование доверителя (фамилия, имя, отчество, должность или адрес)
   委托人名称（委托人姓、名、父称、职务或地址）

3. Текст доверенности: точное и исчерпывающее определение круга доверяемых полномочий или прав
   委托书正文，需要准确全面地明确所委托的权限

4. Наименование доверенного лица (фамилия, имя, отчество, должность или адрес)
   受托人名称（受托人的姓、名、父称、职务或地址）

5. Подпись
   签字

6. Дата
   日期

7. Заверение подписи доверителя какой-либо организацией (подпись должностного лица и печать организации)
   机构对委托人签字的证明，需要机构领导人签字并加盖机构印章

Схема расположения реквизитов:
委托书各要项分布如下:

1	
2（Я）	（доверяю）
3	4
	5
6	
7	

注意

- 文件名称居中书写;
- 写明委托书签发的日期和地点,如:город Москва 21 декабря 2008 г.
- 委托书正文另起一行;
- 委托人签字位于正文右下角;
- 签字后应留出地方用于证明此签字。

委托书正文通常以下列固定句式开始:Я ＋ доверяю － кому ＋ инфинитив (получить...),如:Я, гр. Николаев Иван Сергеевич, проживающий..., доверяю гр. Никитину Сергею Семеновичу, проживающему..., получить...

俄语应用文写作

例文：

ДОВЕРЕННОСТЬ

Город Санкт-Петербург

причитаться 应得，应付给

  Я, Васильев Василий Васильевич, проживающий в Санкт-Петербурге, ул. Вольная, д. 45, доверяю Эмировой Эсфири Эмировне, проживающей в Санкт-Петербурге, ул. Вольная, д. 44, получить в кассе бухгалтерского отдела открытого акционерного общества Вымпел-А причитающуюся мне заработную плату за месяц август 2008 г.

  В получении за меня расписаться и выполнить все действия, связанные с данным поручением.

Подпись

24.07.2008

Подпись Васильева В. В.
  удостоверяю

Начальник отдела кадров   Подпись   Н. А. Иванова

例文参考译文：

委 托 书

圣彼得堡市

  本人瓦西里耶夫·瓦西里·瓦西里耶维奇，家住在圣彼得堡市自由大街45楼，现委托埃斯菲里·埃米罗夫娜·埃米罗娃（住在圣彼得堡市自由大街44楼）前去"信号旗—A"开放型股份公司会计科出纳处领取本人2008年8月份工资。

  同时委托其领取工资时替本人签字并办理与本委托相关事项。

签字

2008年7月24日

我证明瓦西里·瓦西里耶维奇·瓦西里耶夫的签字属实
  人事处处长   恩·阿·伊万诺娃（签字）

Образцы:

(4)

ДОВЕРЕННОСТЬ

Город Москва
25 декабря 2007 года

    Я, гражданин Васильев Юрий Петрович, проживающий по адресу: ул. Селезневка, д. 28, кв. 16, г. Москва, доверяю гражданину Антипову Егору Константиновичу, проживающему в г. Москве, ул. Крымская, д. 51, кв. 71, получить в кассе комиссионного магазина № 21 г. Москвы деньги в сумме 78900 (семьдесят восемь тысяч девятьсот) руб., причитающиеся мне за реализованные вещи согласно квитанции № 547897, и выполнить все действия, связанные с данным поручением.

    Срок доверенности два месяца.   Подпись

    Двадцать пятого декабря 2007 года настоящая доверенность удостоверена мною, Ивановым Т. А., государственным нотариусом 7-й Московской государственной нотариальной конторы.
    Доверенность подписана Васильевым Юрием Петровичем в моем присутствии. Личность доверителя установлена, дееспособность его проверена.

    Зарегистрировано в реестре за № _____
    Взыскано государственной пошлины _____

    Государственный нотариус   Подпись

комиссионный магазин 代售商行
реализовать 销售，变卖
контора 事务所
дееспособность 行为能力

---

(5)

Доверенность

Город Санкт-Петербург
30 декабря 2008 года

    Я, Борисов Борис Борисович, проживающий в г. Санкт-Петербурге, пр. Мира, д. 44, кв. 1, доверяю Юрьевой Юлиане Юрьевне, проживающей в г. Москва, Павловская ул., д. 3а, продать за цену и на условиях по своему усмотрению принадлежащий мне жилой дом, находящийся в г. Москве, 2-я Петровская ул., 25, для чего предоставляю ей право получать необходимые справки, удостоверения и другие документы, заключить договор купли-продажи жилого дома, получить причитающиеся мне деньги, а также выполнить все действия, связанные с данным поручением.

Полномочия по этой доверенности не могут быть переданы другим лицам.

Доверенность выдана сроком на ОДИН год и шесть месяцев.

Подпись

Подпись Борисова Б. Б.
удостоверяю
Начальник отдела кадров　　　　Подпись　　　　　　Р. Б. Иванова

договор купли-продажи 买卖合同

(6)

ДОВЕРЕННОСТЬ

Село Спасское
Нефтекамского района Республики Татарстан

право собственности 所有权
недвижимое имущество 不动产

　　Я, Горелова Гортензия Георгиевна, проживающая на ул. Большая, д. 11, в селе Спасское Нефтекамского района Республики Татарстан, доверяю Шутину Шамилю Шамильевичу, проживающему на ул. Новая, д. 99, в селе Спасское Нефтекамского района Республики Татарстан, получить в Елабужском филиале Нефтекамского отделения республиканской регистрационной палаты регистрационное свидетельство о праве собственности на недвижимое имущество — жилой дом по адресу: ул. Широкая, д. 50, село Спасское Нефтекамского района Республики Татарстан.

　　Для совершения указанных действий я уполномочиваю его подавать от моего имени заявления, получать справки и документы, расписываться за меня, вносить оплату.

　　Доверенность выдана сроком на ТРИ месяца.

Подпись

16. 10. 2007

(7)

ДОВЕРЕННОСТЬ

_____
(место и дата выдачи доверенности прописью)

Я, гражданин (-нка) _____, проживающий (-ая) по адресу: _____, доверяю гражданину (-нке) _____, проживающему (-ей) по адресу: _____, получить в кассе _____,
(наименование предприятия)
находящегося по адресу: _____, причитающуюся мне заработную плату за _____
(период времени прописью)
_____, расписаться за меня и совершить все действия, связанные с выполнением этого поручения.

_____
Подпись

"___" _____ 200_ года настоящая доверенность удостоверена мною, _____, нотариусом _____
_____
(наименование нотариальной конторы, No., дата выдачи лицензии)

Доверенность подписана гражданином _____ в моем присутствии. Личность доверителя установлена, дееспособность его проверена.

Зарегистрировано в реестре за No. _____
Взыскано по тарифу: _____ руб.
Нотариус: _____ (Подпись)

3. Автобиография
履历

Автобиография — это последовательное изложение самим пишущим основных этапов его жизни.

履历是书写者陈述其生活各主要阶段情况的应用文。

Основные требования:
撰写履历的基本要求:

1. Автобиография составляется в произвольной форме от первого лица и начинается словами: Я, фамилия, имя, отчество, родился... Обязательно указывается полностью дата и место рождения;
   履历以第一人称撰写,通常以下列句式开头:Я, фамилия, имя, отчество, родился...需要具体指明出生日期和出生地;

2. Указывается, какое получил образование, какие учебные заведения, где и когда окончил;
   写明受教育情况,何时毕业于何所学校;

3. Указывается место работы в настоящее время, занимаемая должность;
   写明目前工作地点和职务;

4. Указывается семейное положение, адрес места жительства в настоящее время;
   写明婚姻状况,目前住址;

5. Если автор менял фамилию, то указывается предыдущая фамилия и дата ее изменения;
   如果书写者曾改变姓氏,需要写明曾用姓和更改日期;

6. Для изложения событий завершенных используются глаголы прошедшего времени;
   陈述过去的事件时使用动词过去时形式,如:учился(-лась), работал(-ла), поступил(-ла), окончил(-ла) 等等;

7. Наименования организаций, учреждений, названия населенных пунктов, на которые ссылается автор, приводятся полностью в виде, существовавшем на момент события. Если автор считает нужным дать пояснения, то новое, действующее на момент написания документа название приводится в скобках;
   书写者所提及的组织、机构或居住地的名称应以事件发生时的名称为准,目前使用的新名称可以用括号标明,如:С 1972 по 1975 год учился в Ленинградском Военно-механическом институте (ныне Балтийский государственный технический университет им. Д. Ф. Устинова);

8. Автобиография подписывается автором и датируется. Дата ставится слева, подпись

справа под текстом автобиографии;

履历需要本人签字和写明日期，日期写于正文左下角，签字位于右下角；

9. Иногда кадровые органы требуют указать сведения о жене (муже) и других ближайших родственниках (родители, братья и сестры), эти сведения приводятся в конце автобиографии после основного текста.

有时人事部门要求书写者写明妻子(丈夫)以及其他亲属(父母、兄弟姐妹)的情况，上述信息可写在履历结尾处，正文之后。

Макет оформления автобиографии：
履历模板：

Автобиография

Я,_____

Автобиография пишется собственноручно, разборчиво, аккуратно в произвольной форме с обязательным указанием сведений: фамилия, имя, отчество (если изменял, указать прежние); дата и место рождения, когда, где и в каких учебных заведениях учился, специальность по образованию; трудовая деятельность (периоды работы, места работы, должности); отношение к воинской обязанности, служба в Вооруженных Силах (если не служил, указать причины), когда и в качестве кого проходил службу, воинское звание при увольнении в запас...

_____ _____ 200_г.   Подпись _____

Паспорт или другой документ:
_____

Кем выдан и когда _____

Где зарегистрирован _____

собственноручно 亲手，亲笔
разборчиво 清晰地
воинское звание 军衔
увольнение в запас 退役

例文：

АВТОБИОГРАФИЯ

Я, Викторов Сергей Сергеевич, родился 7 июня 1956 года в пос. Бернгардовка Всеволожского района Ленинградской области.

С 1963 по 1973 г. учился в школе № 2 пос. Бернгардовка. Окончил 10 классов.

С 1974 по 1976 г. проходил службу в рядах Вооруженных Сил СССР на территории Ленинградского военного округа.

С 1977 по 1982 г. учился в Ленинградском кораблестроительном институте. Имею специальность инженера по радиоэлектронным системам.

кораблестроительный 船舶制造的
радиоэлектронный 无线电电子(学)的

С 1982 по 1990 г. работал в должности инженера, затем старшего инженера отдела электронных приборов НПО (научно-производственное объединение) "Гранит" (г. Санкт-Петербург). С 1990 г. перешел на преподавательскую работу в Государственную Морскую Академию им. адмирала С. О. Макарова (г. Санкт-Петербург). В 1994 г. защитил диссертацию на соискание ученой степени кандидата технических наук. В настоящее время работаю старшим преподавателем кафедры радиоэлектроники в Государственной Морской Академии им. адмирала С. О. Макарова.

Проживаю по адресу: 12 линия ВО (Военный округ), д. 43, кв. 18, г. Санкт-Петербург.

Женат. В брак вступил в 1990 г. Жена Викторова (фамилия до замужества — Приходько) Елена Степановна, 1961 г. рождения.

Дети: сын Алексей, 1993 г. рождения;
дочь Мария, 1996 г. рождения.

2 февраля 2002 г.   Подпись

НПО（научно-производственное объединение）科研生产公司

例文参考译文：

履　历

本人谢尔盖·谢尔盖耶维奇·维克托罗夫，1956 年 6 月 7 日生于列宁格勒州弗谢沃洛日斯克区别尔尼加尔多夫卡镇。

1963 年至 1973 年在别尔尼加尔多夫卡镇第二学校学习，十年级毕业。

1974 年至 1976 年在列宁格勒军区苏联军队服役。

1977 年至 1982 年在列宁格勒船舶（制造）学院学习，无线电电子系统工程师专业。

1982 年至 1990 年担任"花岗岩"科研生产公司（圣彼得堡市）电子仪器部工程师、主任工程师。

从 1990 年起调入马卡罗夫国立海运学院（圣彼得堡市）从事教学工作。于 1994 年通过技术科学副博士论文答辩。目前在马卡罗夫国立海运学院无线电电子学教研室任讲师。

住址：圣彼得堡市军区 12 街 43 楼 18 室。

已婚。1990 年结婚，妻子叶连娜·斯捷潘诺夫娜·维克托娃（婚前姓普里霍季科）出生于 1961 年。

子女：儿子阿列克谢，1993 年出生；女儿玛丽亚，1996 年出生。

签字

2002 年 2 月 2 日

Образцы:

(8)

АВТОБИОГРАФИЯ

Я, Ларина Татьяна Леонидовна, родилась 14 февраля 1985 года в г. Сватово Луганской обл.

С 1992 по 2003 г. училась в городской средней школе № 7, которую закончила с отличием.

С 2003 г. — студентка социологического факультета Харьковского государственного университета, на 2-ом курсе которого и учусь.

На общественных началах являюсь главным редактором газеты факультета Студенческий меридиан.

Семейное положение — не замужем.

Состав семьи:

Отец — Ларин Леонид Иванович, 1962 года рождения, инженер ЗАО Орел г. Сватово;

Мать — Ларина Ирина Васильевна, 1963 года рождения, бухгалтер ОАО Прогресс г. Сватово;

Сестра — Ларина Карина Леонидовна, 1989 года рождения, школьница.

Дата   Подпись

> начало (复数) 方式, 方法
> меридиан 子午线, 经纬

(9)

АВТОБИОГРАФИЯ

Я, Наталья Сергеевна Епифанова, родилась в г. Павловске 5 января 1968 года.

Проживаю по адресу: ул. Бакунинская, д. 5, кв. 38, г. Москва.

В 1985 году окончила среднюю школу №4 г. Павловска и поступила в Городское техническое училище №1 по специальности "Монтажник радиоэлектронной аппаратуры". В 1988 году закончила училище с красным дипломом.

В июле 1988 года поступила в Московское высшее техническое училище (МВТУ) им. Баумана (ныне Московский государственный университет им. Баумана) по специальности "Проектирование и технология радиоэлектронных средств".

С октября 1993 года по сентябрь 1994 года находилась в академическом

> монтажник 装配工, 装配专家

отпуске в связи с рождением ребенка. В апреле 1995 года закончила университет.

С мая 1995 года по декабрь 1996 года находилась в отпуске по уходу за ребенком.

В январе 1997 года поступила на работу на Второй московский часовой завод на должность инженера-проектировщика третьей категории отдела проектирования электромеханических часов. В настоящее время работаю там же в должности заместителя начальника отдела.

Замужем за Епифановым Дмитрием Леонидовичем 1965 года рождения с марта 1992 года. Девичья фамилия — Фунтикова, сменила фамилию 17.04.1992 в связи со вступлением в брак. До этого фамилию не меняла и в других браках не состояла. В браке имею сына Епифанова Андрея Дмитриевича 19.10.1993 года рождения.

В августе 2000 года окончила курсы сестер милосердия "Берегиня" при Красном кресте.

Веду занятия в Клубе второго часового завода, руковожу творческой студией художественного шитья для детей. Являюсь членом попечительского совета Фонда народных художественных промыслов РФ.

Подпись

5 января 2004 г.

проектировщик 设计师
сестра милосердия 女护士
Красный крест 红十字会
попечительский 监护人的

4. Анкета
履历表

Анкета представляет собой документ, в котором излагаются расширенные биографические данные составителя. Для заполнения анкеты часто используется разработанный бланк.

履历表是记录填写者个人经历等情况的文件，通常在预先印制好的表格上填写。

例文：

АНКЕТА
（履历表）
(Заполняется собственноручно)
（由本人填写）

		Место для фотокарточки（贴照片处）

Фамилия(姓)_____

Имя(名)_____

Отчество(父称)_____

1.	Если изменяли фамилию, имя или отчество, то укажите их, а также когда, где и по какой причине изменяли 曾用姓、名及父称（注明何时、何地更改及原因）	
2.	Год, месяц, число и место рождения 出生日期和出生地	
3.	Гражданство (если изменяли, то укажите, когда и по какой причине) 国籍（如果做过更改，请注明何时、因何原因更改）	
4.	Образование, когда и какие учебные заведения окончили, номера дипломов. Специальность по диплому 受教育情况（何时毕业于哪所高校、毕业证书编号以及所学专业）	
5.	Ученая степень, ученое звание, когда присвоены, номера дипломов 学位、职称（何时授予以及证书编号）	
6.	Какими иностранными языками владеете и в какой степени 掌握何种外语、程度如何	
7.	Были ли за границей, где, когда и с какой целью 是否出过国（何时、去何地、出国目的）	
8.	Выполняемая работа с начала трудовой деятельности (включая учебу в высших и средних специальных учебных заведениях, военную службу, работу по совместительству и т. п.) 工作简历（包括在大学和中专学习、服兵役及兼职工作等）	

Месяц и год		Должность с указанием учреждения, организации, предприятия 在何机关、组织、企业任何职	Местонахождение учреждения, организации, предприятия 机关、组织、企业所在地
Поступления （自何年何月）	Ухода （至何年何月）		

При заполнении данного пункта необходимо именовать учреждения, организации, предприятия так, как они назывались в свое время, военную службу записывать с указанием должности.

填写本项时需写明任职机关、组织、企业的当时名称及服兵役时的职务。

9. Ваши близкие родственники (жена, муж, отец, мать, братья, сестры).

亲属情况(妻子、丈夫、父亲、母亲、兄弟姐妹)。

Степень родства 亲属等级	Фамилия, имя, отчество 姓、名、父称	Год и место рождения 出生年份和地点	Место работы, должность 工作地点和职务	Адрес местожительства 住址

Если родственники изменяли фамилию, имя, отчество, то указать их прежние фамилии, имена, отчества.

如果亲属更改过姓、名及父称，则注明曾用姓、名及父称。

10. Имеются ли у вас или жены (мужа) родственники, постоянно проживающие за границей (укажите их фамилию, имя, отчество, год рождения, степень родства, местожительство, с какого времени они проживают за границей)

您或您妻子(丈夫)是否有亲属在国外定居？如果有,写明其姓、名、父称,出生年份、亲属等级、住址以及自何时起他们开始在国外定居等。

_____.

_____.

11. Отношение к воинской обязанности и воинское звание

服兵役情况及军衔

_____.

12. Домашний адрес и номер телефона

家庭地址和电话

13. Паспорт или документ, его заменяющий

身份证或相应证件

_____.

(серия, номер, кем и когда выдан)

(注明证件号码及颁发机关、时间)

14. Дополнительные сведения

其他信息

_____.

____ _____ 200_ года　　　　　　　　　　　Подпись

日期　　　　　　　　　　　　　　　　　　　　签字

Фотокарточки и данные о трудовой деятельности, учебе оформляемого соответствуют документам, удостоверяющим личность, записям в трудовой книжке, документам об образовании, воинской службе.

填表人照片及所填写的工作、学习信息要与身份证、劳动手册记录、毕业证书、兵役证等证件相符。

М. П.   _____
                                         (подпись, фамилия работника кадровой службы)
(盖章处)   （人事部门工作人员姓名及亲笔签字）

Образцы:

(10)
АНКЕТА

1. Страна _____
2. Фамилия, имя _____
3. Пол _____
4. Год рождения _____
5. Семейное положение _____
6. Какой вуз окончил и по какой специальности

   _____

7. Какой уровень образования и ученую степень имеет (магистр, бакалавр и др.)

   _____

8. Стаж работы по специальности и место работы

   _____

9. Знает ли русский язык и в какой степени

   _____

10. Какими другими иностранными языками владеет

    _____

11. Специальности

    _____

12. Предполагаемая тема стажировки (научный руководитель МГУ)

    _____

                                        Подпись специалиста _____

Дата заполнения _____

магистр 硕士
бакалавр 学士
стаж работы 工龄

5. Визитная карточка
名片

В современном обществе визитные карточки (визитки) — это неотъемлемая часть этикета. Их широко используют при установлении и поддержании деловых и личных контактов. В общественной жизни визитная карточка играет роль своеобразных удостоверений личности, в которых обычно помимо имени, фамилии и занимаемой должности указывается принадлежность к какой-либо фирме или организации. Визитная карточка представляет ее обладателя, поэтому не следует пренебрегать такими деталями, как шрифт, расположение текста на карточке, ее цвет. Не помещайте на визитной карточке лишней информации (например, множество номеров телефона).

名片是现代社会礼节的不可分割的一部分，广泛用于公务往来和私人交往。在社会生活中名片履行着独特的身份证明功能，包含了姓名、职务以及所在公司或机构等信息。名片代表主人的形象，因此，对名片字体、文字布局和颜色等"细节"不得马虎大意。切勿在名片上罗列多余的信息（如提供过多的电话号码等）。

> шрифт 字体

例文：

Главный научный сотрудник
Института Дальнего Востока РАН
Член Правления
Международной Конфуцианской Ассоциации

　　　　　Проф. Андрей Андреевич Андреев

　　　　　　　　　　　Институт Дальнего Востока РАН
　　　　　　　　　　　Москва, 117997, Россия
　　　　　　　　　　　Тел.：(007－495)000－00－00
　　　　　　　　　　　Факс：(007－495)000－00－00

例文参考译文：

俄罗斯科学院远东研究所首席研究员
国际儒学联合会理事会理事

安德烈·安德烈耶维奇·安德烈夫教授

俄罗斯，117997，莫斯科
俄罗斯科学院远东研究所
电话：（007－495）000－00－00
传真：（007－495）000－00－00

Образцы：

(11)

Всероссийский
научно-исследовательский
институт охраны природы

ИВАНОВ
Иван Сергеевич
Директор

ВНИИПРИРОДЫ
Минприроды России

М-628，Знаменское-Садки，Москва，113628，Россия
Тел.：（495）000－00－00. Факс：（495）000－00－00

(12)

Российская Академия медицинских наук
НИИ социальной гигиены, экономики
и управления здравоохранением
им. Н. А. Семашко

ВОРОНИН
ЛЕОНИД АЛЕКСАНДРОВИЧ
ДОКТОР МЕДИЦИНСКИХ НАУК，
ЗАВЕДУЮЩИЙ ОТДЕЛОМ ЭКОНОМИКИ ЗДРАВООХРАНЕНИЯ И
СЕКТОРОМ КАЧЕСТВА МЕДИЦИНСКОЙ ПОМОЩИ

НИИ（научно-иссле-
довательский институт）
研究所

ул. Воронцово поле，12
103064，Москва

Тел.：（495）000－00－00
Факс：（495）000－00－00

(13)

	АНТОНОВ
	Антон Анатольевич
Санкт-Петербургский государственный университет	Декан по международным связям к. филол. н., доцент
	Университетская наб., 11, Санкт-Петербург, 199034, Россия
	Тел. / Факс ＋7－812－3287732
Восточный факультет	E-mail：ci@hotmail.ru

6. Резюме
求职简历

Резюме（от франц. resume — излагать вкратце）— это краткая профессиональная самоаттестация претендента на какую-либо должность. Автор резюме должен предоставить работодателю сведения о своем образовании, своей специальности и квалификации, о профессиональном опыте.

求职简历一词源自法语，意为简短陈述，是求职者欲申请某个职位时所作的简短自我职业鉴定，是就自己的教育背景、专业技能、职场经验等情况向雇主进行书面陈述的应用文。

> претендент 希望得到…者
> работодатель 雇主

Резюме обычно содержит следующие реквизиты：
求职简历通常包括以下要项：

1. Заголовок резюме — это фамилия, имя и отчество претендента（автора）резюме в именительном падеже；
   标题——求职者姓、名及父称（用第一格形式）；

2. Общая информация：адрес, номер телефона и/или другая информация, с помощью которой можно оперативно связаться с автором, например, номер факса, e-mail и др.；
   基本信息（地址、电话号码和/或传真号码、电子邮箱等其他联系方式）；

3. Дата и место рождения;
   出生日期和出生地点;

4. Гражданство;
   国籍;

5. Семейное положение, наличие детей, их возраст;
   婚姻状况,是否有子女,其年龄;

> трудоустройство 就业
> оклад 固定工资
> в обратном хронологическом порядке 按时间先后的逆序
> розничный 零售的
> ТНП (товары народного потребления) 日用消费品

6. Цель — интересующая вакансия. В данном пункте указываются конкретная цель, которую преследует автор, подавая резюме, например: Трудоустройство на должность начальника отдела сбыта с окладом не менее 30 000 руб. Важный момент: никогда не указывайте сразу несколько устраивающих вас вариантов. Для каждой интересующей вас должности составьте отдельное резюме!
   目的——所求职位。在此栏中应具体写明求职者所求职位,如:申请销售科科长一职,工资不少于三万卢布)。切不可在求职简历中同时申请多个职位,应对每个感兴趣的职位都单独撰写求职简历;

7. Образование. Сведения о полученном образовании излагаются в обратном хронологическом порядке. В этом пункте указывается не только основное образование, полученное в среднем или высшем учебном заведении, и специальность, которой автор овладел по окончании учебного заведения, но и дополнительное образование, полученное на специальных курсах;
   教育背景。所受教育的情况应按时间先后的逆序(倒叙)方式陈述,不仅应指明在中等或高等学校所接受的主要教育和毕业时所获得的专业,还应指明在一些专业培训班所接受的其他教育;

8. Опыт работы. Сведения о трудовой деятельности излагаются также в обратном хронологическом порядке. Указывается период работы, название предприятия, сфера деятельности фирмы, затем следуют должность, описание обязанностей, которые приходилось выполнять, а также личный вклад автора. При описании места работы следует указывать полностью наименование предприятия, его местонахождение, а также сферу деятельности, например: Фирма "ПЛЮС" (Россия, г. Волхов), розничная торговля продовольствием и ТНП;
   工作经验。有关工作经历的情况也应采用倒叙方式陈述,首先应指明工作期限、企业名称、公司业务范围,然后指明职务和所履行的具体职责及所做贡献。在写工作地点时须写明企业全称、地址以及业务范围;

9. Дополнительные сведения. В этой графе может быть указана любая информация, характеризующая автора резюме: знание иностранных языков, степень владения компьютером, наличие печатных трудов, а также сведения, которые могут позитивно заинтересовать работодателя или агентство, например: личностные качества, наличие деловых связей и др.;

补充信息。这部分可以包括：外语水平、计算机使用情况、出版著作等反映求职者特点的情况，以及个人品质、有客户网等对求职有益的信息。

Резюме составляется на языке, который является рабочим там, куда резюме представляется. Иногда это могут быть два варианта: на родном и иностранном языке. Резюме подписывается с обязательным указанием даты.

求职简历通常以求职机构所使用的工作语言撰写，有时也可用本国语和外语两种方式撰写。求职简历须签字并注明日期。

Макет резюме：
求职简历模板：

РЕЗЮМЕ

Дата：00.00.0000

Фамилия, имя, отчество _____

Адрес：_____
　　　　　　（улица, дом, город, почтовый индекс）

Телефон：000—00—00

Дата и место рождения：_____
　　　　　　（день, месяц, год; город, село）

Гражданство：_____
　　　　　　（Российская Федерация или иное）

Образование：_____
　　　　　　（годы учёбы, учебное заведение, специальность）

Опыт работы：_____
　　　　　　（годы работы, занимаемые должности）
　　　　　　（сведения излагаются в обратном хронологическом порядке）

Семейное положение：_____
　　　　　　（холост, женат, состав семьи）

Дополнительные сведения：_____
（владение иностранным языком, владение техникой по специальности, наличие публикаций, ученая степень и т. п.）

Черты характера：_____
（указываются три важнейших, по мнению претендента на должность, положительных свойства своего характера）

　　　　　　　　　　　　Личная подпись _____

> черты характера 性格特点

例文：

РЕЗЮМЕ

МЕДВЕДЕВ АНДРЕЙ АНДРЕЕВИЧ

Адрес：ул. Некрасова, дом 82, кв. 16, г. Санкт-Петербург, 197001
Телефон：(812) 000—00—00
E-mail：pitter122@mail.ru
Дата и место рождения：20 января 1971 г., г. Волхов Ленинградской обл.
Гражданин России. Женат. Дети：дочь 1996 года рождения, сын 1999 года рождения.

Цель：трудоустройство по специальности.

Образование

2003 г. — Курсы по маркетингу предприятий малого бизнеса при учебном центре "Знания", Санкт-Петербург.
2002 г. — Курсы английского языка при Санкт-Петербургском государственном университете.
1995 г. — Санкт-Петербургский инженерно-экономический институт, экономический факультет. Диплом экономиста по специальности "Планирование народного хозяйства".

Опыт работы

03. 2000 г. по наст. время. Фирма "ПЛЮС" (оптовая торговля продовольственными товарами) — Россия, Санкт-Петербург. Начальник отдела продаж. Функции：организация продаж, контакты с розничными торговыми предприятиями, составление договоров, контроль за расчетами.

08. 1999 г. — 03. 2000 г. ИЧП "ФОБОС" (розничная торговля продовольствием и ТНП) — Россия, Санкт-Петербург. Коммерческий директор. Функции：закупка товаров и организация реализации через торговые точки фирмы.

11. 1995 г. — 08. 1999 г. Областная оптовая база "Ленснабсбыт" — Россия,

---

маркетинг 营销学
оптовый 批发的
ИЧП（индивидуальное частное предприятие）个体私营企业

г. Волхов Ленинградской обл. Инженер, старший инженер, зам. начальника отдела сбыта продовольственных товаров. Функции: организация закупок продовольствия и его сбыта через сеть магазинов базы.

ПК（персональный компьютер）个人电脑

Знаю английский язык, пользователь ПК. Имею личный автомобиль, водительские права категории В, опыт вождения 4 года. Коммуникабелен. Сохранились деловые связи с фирмами-поставщиками продовольственных товаров, с торговыми фирмами в различных регионах России и за рубежом.

Дата   Подпись

例文参考译文：

安德烈·安德烈耶维奇·梅德韦杰夫简历

地址：197001，圣彼得堡市涅克拉索夫大街82楼16室
电话：(812) 000—00—00
电子邮箱：pitter122@mail.ru
出生日期和出生地：1971年1月20日出生于列宁格勒州沃尔霍夫市
国籍：俄罗斯
婚姻和子女情况：已婚，女儿1996年出生，儿子1999年出生

求职目标：按专业就业

学　　历

2003年　在圣彼得堡"知识"教学中心"小型企业营销学"短训班学习。
2002年　在圣彼得堡国立大学附属英语短训班学习。
1995年　在圣彼得堡工程经济学院经济系学习。获得"国民经济规划"专业经济师毕业证书。

工作经验

2000年3月至今　在俄罗斯圣彼得堡市"普柳斯"公司（经营食品批发贸易）任销售科科长，负责组织销售、与各零售企业洽谈、准备合同及监督核算。
1999年8月—2000年3月　在俄罗斯圣彼得堡"福博斯"个体私营企业（经营食品和日用必需品零售贸易）任营业经理，负责采购商品和通过公司商业网点组织销售。
1995年11月—1999年8月　在俄罗斯列宁格勒州沃尔霍夫市"列宁格勒供销局"州批

发站先后任工程师、主任工程师、食品销售科副科长，负责采购食品并通过批发站商业网点组织销售。

熟练掌握英语和计算机。有私家车，持 B 类驾驶执照，驾龄 4 年。易于共事。与俄罗斯各地区和国外的食品供应商及贸易公司保持着业务联系。

签字
日期

Образцы：

（14）

ИВАНОВ МАКСИМ ВЛАДИМИРОВИЧ

Год рождения：1956 г.

Адрес：ул. Яблочкова, д. 56 «б», кв. 175, г. Москва, 127322.

Образование：высшее военное, высшее гражданское（факультет журналистики Львовского высшего военно-политического училища, 1981 г., редакторское отделение Военно-политической академии — 1989 г.）.

Специальность：журналистика.

Опыт работы：

С 1977 по 1992 г. служил в Вооруженных силах. Уволился в звании полковник. Трудился в редакциях военных газет, последние семь лет — в Генеральном штабе：в должностях корреспондента, начальника отдела, ответственного секретаря, редактора. С апреля 1990 г. по октябрь 1995 г. работал в Комсомольской правде в должности ответственного секретаря — заместителя директора программы «Бизнес-контакт»（изучение рынка рекламных услуг, работа по привлечению клиентов, выпуск рекламных полос）.

С ноября 1995 г. по настоящее время — начальник пресс-центра Министерства финансов（проведение пресс-конференций, брифингов, подготовка и написание информационных сообщений, анализ периодической печати, разработка долговременных программ по созданию благоприятного имиджа ведомства）.

Дополнительная информация：работаю на компьютере в качестве пользователя, возможны ненормированный рабочий день, командировки.

Контактный тел.：000—00—00（дом.）.

Подпись

Дата

пресс-конференция 记者招待会
брифинг 新闻发布会，吹风会
имидж 形象
ненормированный 非定额的

(15)

ЗЕМЦОВА АННА АНДРЕЕВНА

Год рождения: 1972 г.

Семейное положение: замужем, детей нет.

Образование:

1992—1994 гг. Новый гуманитарный университет Центра образования Натальи Нестеровой. Факультет литературы и искусства, одновременно в 1994 году окончила 1-ступень филологического факультета по специальности «Журналистика». Присвоена квалификация «издательский работник».

1980—1990 гг. — средняя общеобразовательная школа.

Трудовая деятельность:

с мая 1995 г. по настоящее время — ТОО Группа «Сегодня», менеджер по рекламе отдела размещения, менеджер информационно-аналитического отдела;

сентябрь 1990 г. — апрель 1995 г. — ТОО «Ореол», секретарь.

Специальные знания: окончила курсы секретарей-референтов, машинописи, делопроизводства.

Опыт работы: с компьютерными программами Windows-95 (Word, Excel), Access. В настоящее время изучаю английский язык.

Цель: поиск работы менеджера по рекламе в отдел размещения, информационно-аналитический отдел крупного рекламного агентства или работы секретаря-референта.

Адрес: ул. Новопеределкинская, 4, кв. 110, Москва, 119633, Россия.

Тел.: 111—11—11

ТОО (товарищество с ограниченной ответственностью)	有限责任公司
менеджер	经理
секретарь-референт	文秘
машинопись	打字

Подпись

Дата

7. Характеристика
鉴定书

Характеристика — это официальный документ с отзывом о служебной, общественной деятельности кого-либо. Характеристика представляет собой краткое описание трудового пути работника, его деловых и нравственных качеств, его трудовой и общественной активности.

鉴定书是评定某人工作以及社会活动等的正式应用文,是对其工作经历、业务素质、道德品质以及工作和社会积极性等的简短描述。

В характеристике указываются следующие сведения:
鉴定书通常包括以下信息:

1. Называется имя, отчество и фамилия сотрудника, дата рождения; указывается, какое образование получил сотрудник, какие учебные заведения, где и когда окончил;
   指明被鉴定者的姓、名、父称、出生日期,指明受教育情况,何时何地毕业于哪所学校;
2. Называется место работы, с которого дается характеристика; указываются должности, которые занимал сотрудник за время работы в данной организации, и обязанности, выполняемые на этих должностях;
   指明被鉴定者的工作地点、职务以及所履行的职责;
3. Называются положительные качества работника (деловые и личные); даются сведения о наградах и поощрениях;
   指明被鉴定者的优秀品质(业务素质和个人品质)、获奖励情况;
4. Приводятся сведения о курсах повышения квалификации, которые проходил сотрудник, а также об участии его в проектах компании;
   提供被鉴定者参加专业技能培训班以及是否参与公司项目的情况;
5. Указывается, для каких целей дается характеристика;
   指明提供鉴定书的目的。

> награда 奖赏,奖励
> поощрение 鼓励,奖赏

Макет характеристики:
鉴定书模板:

Характеристика

на (указываются должность лица, которому выдается характеристика;
наименование организации, выдающей документ;
имя, отчество, фамилия)

Текст характеристики излагается в форме третьего лица.

В тексте характеристики следует выделить логически связанные между собой составные части.

Первая часть — анкетные данные, следующие за названием документа, где указывают имя, отчество и фамилию, должность, ученую степень и ученое звание (если они имеются), год рождения, образование.

Вторая часть текста — данные о трудовой деятельности (специальность, продолжительность работы на данном предприятии или в организации, сведения о продвижении по службе, уровень профессионального мастерства и т. п.).

Третья часть — собственно характеристика, то есть оценка моральных и деловых качеств: отношение к работе, повышение профессионального уровня, участие в жизни коллектива, поведение в быту, отношение к коллегам по работе. Здесь указывают наличие у работника государственных наград и других служебных поощрений.

Четвертая часть — заключительная. Она содержит вывод, в котором указывается назначение характеристики.

Выдают характеристику работнику на руки или, с его ведома, пересылают в организацию, на предприятие, которые запросили ее.

Руководитель
Организации _____ (И. О. Фамилия)
(Подпись, заверяется печатью)
Дата: 00.00.0000

ученая степень 学位
ученое звание 职称
продвижение по службе 晋升,提升
с ведома чьего 或 кого 经⋯同意
запросить 询问,征询

例文：

Характеристика

на начальника отдела кадров ЗАО "Строймонтаж"
Иванова Ивана Ивановича

Иван Иванович Иванов родился в 1965 году, в 1988 г. окончил Московский государственный университет по специальности "документоведение", имеет высшее образование.

С 1990 г. до настоящего времени работал в ЗАО "Строймонтаж" в должностях: секретарь руководителя, начальник отдела кадров. За время работы проявил себя как квалифицированный специалист, умело руководил вверенным ему подразделением.

И. И. Иванов постоянно повышает свой профессиональный уровень: изучает законодательные и нормативные документы по вопросам работы с документацией, читает специальную литературу по вопросам работы с официальными документами, ответственно и серьезно относится к выполнению должностных обязанностей.

Руководством организации отмечено постоянное стремление И. И. Иванова к профессиональному росту: в настоящее время данный сотрудник получает новое профессиональное образование по специальности "юриспруденция".

За добросовестное отношение к работе награжден медалью "В память 850-летия Москвы".

В общении с коллегами внимателен, дружелюбен. Пользуется заслуженным уважением всех сотрудников организации.

Характеристика выдана для представления в Центральный научно-исследовательский институт документоведения в связи с поступлением Иванова И. И. в заочную аспирантуру.

Генеральный директор	Подпись	П. П. Петров

М. П.
24 июня 2008 года

ЗАО（закрытое акционерное общество）封闭型股份公司
строймонтаж 建筑安装
квалифицированный 有高度技能的
вверить 委托，交（某人）负责（办理，管理等）
подразделение 部门
юриспруденция 法学
добросовестный 认真负责的，勤勤恳恳的
заочный 函授的

例文参考译文：

"建筑安装"封闭型股份公司
关于人事处长伊万•伊万诺维奇•伊万诺夫的

鉴 定 书

伊万•伊万诺维奇•伊万诺夫生于1965年，1988年毕业于国立莫斯科大学"文献学"专业，大学学历。

伊万诺夫从1990年至今在"建筑安装"封闭型股份公司工作，曾任公司领导秘书，人事处长。他在工作期间是业务精湛的专家，善于领导所负责的部门。

伊万诺夫不断提高自己的业务水平：研究文献工作相关的法律法规，阅读正式文件工作方面的专业文献，认真负责地履行各项职责。

本公司领导认为，伊万诺夫在业务上一贯追求上进，他目前还在接受"法学"专业的职业教育。

由于伊万诺夫工作勤恳，他被授予"纪念莫斯科建市850周年"奖章。

伊万诺夫关心同事，和同事关系融洽，受到公司所有员工的尊敬和爱戴。

签于伊万诺夫考入函授研究生班，本鉴定书呈交中央文献研究所。

总经理
普•普•彼得罗夫（签字）
盖章
2008年6月24日

Образцы：

(16)

Характеристика
на Петра Петровича Петрова

> хореография 舞蹈艺术
> призовой 获奖的，奖品的

Петров Петр Петрович 1970 года рождения, работает во дворце культуры города N Ленинградской области с 13 сентября 1995 года. Образование высшее. Закончил институт культуры по специальности "хореография". Женат, имеет дочь.

Петров П. П. с начала работы в организации является руководителем детских хореографических коллективов различных возрастных групп. Его коллективы хорошо известны в области, неоднократно занимали призовые места на областных и региональных конкурсах.

За время работы в организации Петров П. П. зарекомендовал себя как грамотный специалист, организованный, дисциплинированный, чуткий и внимательный к детям, хороший воспитатель, а главное: талантливый хореограф, всегда ответственный за свою работу, результатом чего является множество грамот, дипломов и прочих награждений.

С 30 августа 2002 года Петр Петрович является председателем совета трудового коллектива, пользуется авторитетом и доверием со стороны коллег.

За 13 лет работы не имеет ни одного взыскания. Награжден грамотой комитета по культуре.

Директор дворца культуры   Подпись
М. П.
Дата

зарекомендовать себя（从某一方面）表现自己
организованный 有组织纪律性的
грамота (почетная) 奖状
взыскание 处罚, 处分

(17)

ХАРАКТЕРИСТИКА
НА БОРИСА ИВАНОВИЧА АНДРЕЕВА

Борис Иванович проходил стажировку в отделе кадров ООО Орел с 1 июня по 31 августа 2008 г.

За время стажировки Борис зарекомендовал себя положительно. В его обязанности входил расчет заработной платы служащих на базе компьютерных программ (до и после налогообложения), составление систем пособий, льгот и премиальных. Он быстро освоился со всеми обязанностями и выполнял их отлично.

Борис не остановился на достигнутом и проявил интерес к участию в организации корпоративных тренингов, а также проведению собеседований при приеме на работу новых сотрудников.

По стилю работы Борис склонен к работе в команде, демонстрируя ответственность и исполнительность по данным ему поручениям.

Он легко входит в контакт с новыми людьми, коммуникабелен, аккуратен и внимателен.

ООО (общество с ограниченной ответственностью) 有限责任公司
налогообложение 征税
премиальные (复) 奖金
тренинг 训练, 培训
собеседование 座谈, 面试
коммуникабельный 易于共事的

В целом могу охарактеризовать Бориса как отличного работника и перспективного сотрудника.

Начальник отдела кадров
ООО Орел   _____(И. О. Фамилия)

Дата
М. П.

(18)

Характеристика

Студент (-ка) 5 курса факультета управления экономикой Воронежского государственного университета, обучающийся (-щаяся) по специальности _____, проходил (-ла) преддипломную практику в _____ с 00.00.0000 по 00.00.0000.
(название подведомственного подразделения организации)

За время прохождения практики студент(-ка) изучил(-ла) нормативные документы и акты, определяющие структуру, функции, коллективный состав компании, ознакомился (-лась) с документированием информационной деятельности, в совершенстве овладел (-ла) системой управления персоналом.

Студент(-ка) проявил(-ла) себя как _____.
(отношение к работе)

Практика оценивается _____.
(Оценка)

преддипломная практика 论文答辩前的实习
подведомственный 属…管辖的
управление персоналом 人员管理

Наименование должности
руководителя практики

Подпись

Дата
М. П.

8. Рекомендательное письмо
推荐信

Близким характеристике по содержанию и назначению является рекомендательное письмо (рекомендация). Целью любого рекомендательного письма является предоставление объективной всесторонней информации о конкретном человеке. Рекомендательное письмо может исходить, в свою очередь, как от физического лица, так и от лица юридического. Формально рекомендательное письмо пишется в произвольной форме.

推荐信在内容和用途上都类似于鉴定书,是对被推荐人进行客观全面介绍的应用文。推荐信可以以法人或自然人的身份撰写,形式比较自由。

> физическое лицо 自然人
> юридическое лицо 法人

Рекомендательное письмо обычно включает следующую информацию:
推荐信一般包括以下信息:

1. Заголовок;
   标题,如:Рекомендательное письмо;
2. Подтверждение факта и сроков работы в организации, краткая информация о занимаемых должностях и выполняемых обязанностях. Если рекомендуемый занимал различные должности, то данные о занимаемых должностях и выполняемых должностных обязанностях указываются для каждого временного интервала;
   确认被推荐人在本机构工作的事实和工作期限,如:Настоящим подтверждается, что г-н/г-жа работал(-ла) в компании с... по...,然后简短陈述其职务和所履行的职责。如果被推荐人担任过不同职务,则应该说明在每个时间段的任职和履行的职责;
3. Краткая характеристика профессиональных, деловых и личностных качеств рекомендуемого и достигнутых им успехов за время работы в организации;
   对被推荐人业务素质和品行以及在本机构工作期间所取得的成绩进行简短鉴定,如:чего добился(-лась), как себя зарекомендовал(-ла)等;
4. Причины изменения места работы;
   改变工作地点的原因;
5. Рекомендация;
   推荐意见,如:Считаем, что г-н/г-жа... может эффективно...;
6. Контактные координаты лица, подписывающего письмо;
   推荐人的联系方式,如:При необходимости уточнить детали можно позвонить мне

> временной интервал 时间间隔
> координаты (复)地址

по телефону…;
7. Должность, фамилия, имя, отчество того, кто подписывает рекомендательное письмо;
推荐人的职务、姓、名及父称；
8. Печать (не обязательно, но в России не помешает для солидности).
印章，此项非必需，但在俄罗斯为庄重起见，加盖亦无妨。

> солидность 庄重

Макет рекомендательного письма:
推荐信模板：

РЕКОМЕНДАТЕЛЬНОЕ ПИСЬМО

_____

_____
(фамилия, имя, отчество)

_____ года рождения. Образование _____

_____
(название учебного заведения)

Работает (-л, -ла) _____

_____
(наименование организации, предприятия)

_____
(занимаемая должность)

в течение _____ лет (месяцев)

За время работы _____
(фамилия, имя, отчество)

зарекомендовал (-ла) себя _____
(указать деловые качества, отношение к работе, наличие поощрений)

С учетом полученного опыта работы _____

_____
(фамилия, имя, отчество)

рекомендуется использовать в должности _____
(указать наименование)

_____

Рекомендательное письмо предназначено для представления _____

_____
(наименование организации, предприятия, фирмы или по месту предъявления)

_____
(Должность подписавшего
рекомендательное письмо)

                              Подпись   И. О. Фамилия

_____ _____ 200_ года

例文：

РЕКОМЕНДАТЕЛЬНОЕ ПИСЬМО

  Настоящим подтверждается, что господин Васильев А. П. 1967 года рождения, в период с 14 мая 1997 года по 1 января 2005 года работал в компании в должности продакт-менеджера.

  Господин Васильев А. П. был задействован в продвижении нового товара на российский рынок. Особенно хочется отметить его организаторские способности, умение быстро находить и налаживать связи как с зарубежными, так и с российскими партнерами. Благодаря своим обширным знаниям и работоспособности, он в короткие сроки сумел разобраться с технологическими особенностями нового продукта. Несмотря на сжатые сроки и неблагоприятные обстоятельства, ему удалось добиться выполнения показателей по бизнес-плану. Господин Васильев разработал и провел ряд семинаров и тренингов для дилеров по ознакомлению и работе с продуктом, что способствовало его продвижению на рынке. Мы благодарны господину Васильеву за успешное сотрудничество. К сожалению, в результате реорганизации компании, мы вынуждены были сократить отдел, в котором работал господин Васильев, и таким образом потеряли ценного сотрудника.

  От имени нашей компаиии от себя лично, с удовольствием рекомендую господина Васильева А. П. на аналогичную должность в другую компанию.

  Если информация в рекомендательном письме не показалась вам исчерпывающей, буду рад ответить на ваши вопросы.

  Генеральный директор   Подпись М. И. Шумский
  Дата

продакт-менеджер 产品经理
дилер 经销人
исчерпывающий 详细的，全面的

例文参考译文：

推 荐 信

  阿·普·瓦西里耶夫先生出生于1967年，自1997年5月14日至2005年1月1日期间在我公司任产品经理一职。

  阿·普·瓦西里耶夫先生参与新产品在俄罗斯市场的推销。他的组织能力尤其突出，他善于快速而高效地与外国和俄罗斯的合作伙伴建立联系。凭借其广博的知识和工作能力，他在短时间内就掌握了新产品的技术性能。尽管时间紧、条件不利，他还是顺利完成了销售计划指标。为帮助经销商熟悉产品和销售产品，瓦西里耶夫先生策划和举办了一

系列研讨会和培训班,大大促进了新产品在市场的推广。我们非常感谢瓦西里耶夫先生卓有成效的合作。非常遗憾的是,由于公司重组,我们不得不压缩瓦西里耶夫先生任职的部门,我们也因此失去了这位人才。

我非常高兴以公司和我本人名义推荐阿·普·瓦西里耶夫先生到其他公司担任相似职位。如果您觉得推荐信提供的信息还不够详尽,我将非常高兴回答您的问题。

总经理　米·伊·舒姆斯基
（签字）
日期

Образцы:

(19)

РЕКОМЕНДАТЕЛЬНОЕ ПИСЬМО

Панченко Ирина Станиславовна занимала должность руководителя отдела маркетинга и распространения в нашем издательстве. Она зарекомендовала себя как инициативный сотрудник, обладающий организаторскими способностями.

Через год после ее прихода в компанию тираж издания увеличился на 20％, была разработана и внедрена новая система распространения издания в регионах. Благодаря ее усилиям у издания появились новые партнеры и рекламодатели. Особенно хочется отметить ее надежность, умение находить решения в сложных обстоятельствах, а также нацеленность на достижение результата.

Главный редактор　　　　Подпись　　　　Л. М. Черник
Дата

инициативный 有主动精神的,有首创精神的
рекламодатель 登广告者
нацеленность 目的性,针对性

(20)

Рекомендательное письмо

Селиванова Марина Анатольевна была принята на работу в Учебный Центр в августе 2001 года менеджером по работе с частными лицами.

В сферу ее обязанностей входил широкий круг вопросов, связанных с привлечением клиентов, ведением переговоров и организацией ряда тренингов и семинаров Учебного Центра. Марина Анатольевна быстро освоилась со своими обязанностями, и не остановилась на достигнутом. Через несколько месяцев она уже работала не только с физическими лицами, но и с корпоративными клиентами и стала одним из лучших менеджеров нашей компании.

Многие клиенты особо отмечают ее умение понять их потребности и подобрать именно ту программу обучения, которая наиболее полно соответствует задачам заказчика.

Г-жа Селиванова легко входит в контакт с новыми людьми, коммуникабельна, аккуратна, внимательна, легко обучается новым технологиям и успешно применяет их на практике.

По итогам 2002 года менеджер Селиванова была отмечена руководством как "МЕНЕДЖЕР ГОДА".

Хотелось бы особо отметить навыки, которыми обладает коллега Селиванова в части умения справляться с претензиями клиентов, возникающими до, во время или по окончании учебного процесса.

Директор Учебного Центра   Подпись   И. О. Фамилия
Дата

> претензия 异议, 要求

9. Пригласительный билет
请柬

Пригласительный билет (приглашение) широко используется в сегодняшней общественной жизни и в деловом общении. Функциональное предназначение пригласительного билета заключается, во-первых, в информировании адресата о предстоящем мероприятии, и, во-вторых, в сообщении о том, что автор послания желает видеть его получателя в числе присутствующих и тем самым свидетельствует адресату свое уважение и расположение к нему.

请柬是当今社会生活和公务交往中广泛使用的一种应用文。请柬的功能体现在两个方面，一是通知被邀请人将举行某种活动；二是邀请人希望被邀请人能够出席该活动，并借此表达对被邀请人的敬意和好感。

> предназначение 用途, 用处
> мероприятие 措施, 活动
> расположение 好感, 好意

Пригласительный билет составляется по определенному плану:
请柬应按照统一的格式书写：

1. Заголовок;
   标题（Пригласительный билет 或 Приглашение）一般写在封面上；

2. Обращение (пишется посредине строки, после обращения обычно ставится восклицательный знак);
   被邀请人的称谓（居中写，称谓后通常用叹号）；

3. Точное, краткое изложение содержания приглашения;
   准确简短陈述邀请参加的活动内容；

4. Указание места и времени проведения мероприятия;
   活动举行的地点、时间；

   > ответственный 负责的

5. Наименование учреждения или лиц, ответственных за приглашение;
   负责邀请事宜的机构或个人名称；

6. Иногда прилагается программа проводимого мероприятия.
   有时也可附上活动的日程安排。

例文：

Приглашение

> бракосочетание 婚礼，结婚

Уважаемая Анастасия Евгеньевна!

Имеем честь пригласить Вас на торжество, посвященное бракосочетанию наших детей — Анны и Сергея. Мы будем рады видеть Вас 27 января в 13 часов в доме торжеств Принцесса.

Супруги Тимофеевы Супруги Антоновы

例文参考译文：

请　　柬

尊敬的阿纳斯塔西娅·叶夫根尼耶夫娜！

　　谨定于1月27日13时在"公主"庆典宫举行我们的孩子安娜和谢尔盖的结婚典礼，敬请光临。

季莫费耶夫夫妇及安东诺夫夫妇敬邀

Образцы:

(21)

ПРОМЫШЛЕННАЯ ЯРМАРКА

Приглашаем Вас принять участие в торжественном приеме, посвященном открытию II Международной промышленно-технологической ярмарки 2005

Торжественный прием состоится
15 ноября 2007 г. в 18.30
в ресторане Галактика

по адресу:
Проспект Мира, д. 150.
Гостиница Космос
Центральный вход. 2 этаж

ярмарка 交易会
галактика 银河

(22)

Уважаемый коллега!

Имею честь пригласить Вас
в Московский государственный университет имени М. В. Ломоносова
на заседание Университетского интеллектуального клуба,
которое состоится 2 апреля 2009 г. в 15.00
в Актовом зале Первого учебного корпуса на новой территории МГУ
(Ломоносовский проспект, д. 27а).

С надеждой на скорую встречу,

В. А. Садовничий

(23)

> Герб РФ
>
> *Президент*
>
> *Российской Федерации*
>
> **В. В. ПУТИН**
>
> *Просит* _____
> *принять участие в торжественном приеме по случаю празднования*
> *60-летия Победы в Великой Отечественной войне*
> *1941—1945 годов*
> *во вторник, 9 мая 2005 года, в 17.30.*
> *Банкетный зал*
> *Государственного Кремлевского Дворца*

10. Расписка
收据

Расписка — это документ, подтверждающий получение каких-либо денежных, материальных ценностей или документов. Расписка составляется по произвольной форме.

收据是确认收到钱款、贵重物品或文件的一种凭据性应用文，书写格式较为自由。

ценности（复数）贵重品

Реквизиты расписки:
收据包括以下要项：

1. Наименование документа (расписка);
   文件名称；
2. Должность, фамилия, имя и отчество лица, составляющего расписку;
   收据书写人的职务、姓名及父称；
3. Целевое назначение ценностей (не всегда);
   钱款或物品用途（非必需要项）；
4. Должность, фамилия, имя и отчество лица, выдающего ценности;
   钱物发放人的职务、姓名及父称；

5. Перечень ценностей с указанием количества, цены, суммы (цифрами и прописью);
   钱物清单,用数字和文字形式指明其数量、价格、金额等;
6. Подпись составителя расписки;
   收据书写人签字;
7. Дата.
   日期。

> перечень 清单,目录
> прописью 把数目用文字写出

Макет расписки:
收据模板:

РАСПИСКА

г. _____

____ _____ 200 ____ г.

Я, _____, паспорт серии _____,
   (фамилия, имя, отчество)

выдан _____ _____ 200 ___ г. _____,
   (когда выдан)   (кем выдан)

проживающий по адресу: _____,
получил от _____, проживающего по адресу: _____
            (фамилия, имя, отчество)
_____
_____
            (указать, какие вещи переданы, их родовые или индивидуальные признаки)
Подпись _____

> индивидуальный
> 个人的,独特的,个别的

例文:

Расписка

Город Екатеринбург
10 марта 2008 года

Я, Афанасьева Елена Константиновна, 12.06.1972 года рождения, проживающая по адресу: ул. Луганская, д. 14, кв. 5, г. Екатеринбург (паспорт серии XX—АИ, N 876112, выдан ОВД Ленинского района г.

> ОВД (отдел внутренних дел) 内务处

Екатеринбурга 18. 11. 99 г.), получила от Иванова Александра Александровича денежную сумму 20 000 (двадцать тысяч) рублей, ранее данную ему мною 20. 04. 2006 г.

 Претензий к Иванову А. А. не имею.

Подпись

例文参考译文：

收 据

叶卡捷琳堡市
2008 年 3 月 10 日

 本人叶连娜·康斯坦丁诺夫娜·阿法娜西耶娃，1972 年 6 月 12 日出生，住址为：叶卡捷琳堡市卢甘斯卡娅街 14 楼 5 室（身份证为 XX－AИ 类，号码为 876112，由叶卡捷琳堡市列宁区内务处 1999 年 11 月 18 日颁发）。今收到亚历山大·亚历山德罗维奇·伊万诺夫于 2006 年 4 月 20 日从本人处借走的 20000（贰万）卢布。

 本人对亚·亚·伊万诺夫没有其他要求。

签字

(24)

Расписка

 Я, Кузнецов Сергей Николаевич, проживающий по адресу: ул. Тверская, д. 5, стр. 3, кв. 57, г. Москва, паспорт _____ , получил от Иванова Геннадия Сергеевича, проживающего по адресу: ул. Пушкина, д. 1, кв. 4, г. Москва, 500 (пятьсот) долларов США. Сумма займа подлежит возврату в рублях по курсу доллара США ЦБ РФ на день возврата суммы займа.

10.09.2008   Подпись

заем 借款，借债
подлежать 应当，必须
курс 汇率
ЦБ（Центральный банк）中央银行

（25）

> Расписка
>
> Я, Елена Тихонова, ученица 9 класса Б школы № 65, получила в школьной библиотеке 5 (пять) экземпляров Толкового словаря русского языка С. И. Ожегова и Н. Ю. Шведовой для проведения урока русского языка. Книги обязуюсь вернуть 29 марта 2000 года.
>
> 23 марта 2000 г.　　Подпись　　　　Е. Тихонова

11. Справка, удостоверение
证明

Справка, удостоверение — документы, содержащие описание и подтверждение тех или иных фактов и событий. Справка выдается организацией лицу или учреждению, удостоверение — только лицу.

证明是对某事实和事件进行描述和确认的文件。其中 справка 由机构出具给个人或单位，而 удостоверение 只出具给个人。

Реквизиты справки (удостоверения) следующие:
证明包括以下要项：

1. Место предоставления справки (допустимо указывать в тексте справки);
   证明提交的地点（可在正文中指明）；
2. Название и координаты организации, выдавшей справку;
   证明开出机构的名称和联系方式；
3. Штамп организации, выдавшей справку;
   证明开出机构的印戳；
4. Наименование вида документа;
   文件名称；
5. Дата;
   日期；
6. Текст справки;
   正文；
7. Подпись должностного лица;
   负责人签字；
8. Печать организации.
   机构公章。

开具证明时通常需要编号。

штамп（刻有机关，团体名称地址等的）印戳

例文：

> налоговый 税的，税务的
> инспекция 检查机构

ОАО ЗАРЯ
ул. ак. Павлова, д. 20,
123000, Москва
(Штамп)

В Налоговую инспекцию
г. Москвы

СПРАВКА

29.09.2008

 Иванов Игорь Александрович работает директором отдела сбыта ОАО ЗАРЯ с окладом 10 000 (десять тысяч) рублей.

Директор	Подпись	И. А. Петров
Главный бухгалтер	Подпись	Н. В. Николаева
М. П.		

例文参考译文：

"霞光"开放型股份公司
地址：莫斯科市，123000，
巴甫洛夫院士街 20 楼
（单位印戳）

证　明

莫斯科税务监督局：
 伊戈尔·亚历山德罗维奇·伊万诺夫在"霞光"开放型股份公司担任销售处经理，工资为 10000（壹万）卢布。特此证明。

"霞光"开放型股份公司经理　伊·阿·彼得洛夫（签字）
总会计师　恩·弗·尼古拉耶娃（签字）

2008 年 9 月 29 日
单位印章

Образцы:

(26)

Министерство культуры республики Беларусь
Белорусская государственная академия музыки

30.06.2008 № _____

камерный ансамбль 室内乐团

Справка

Гр. Китая **Тянь Хуа**, 1982 г. р., обучалась в **магистратуре** Белорусской государственной академии музыки по специальности камерный ансамбль с 01.06.2007 г. по 30.06.2008 г. и закончила ее со следующими результатами:

Камерный ансамбль — 5 (отлично)

Русский язык — 5 (отлично)

Дипломная работа по музыкальной педагогике — 5 (отлично)

М. П.

(27)

Штамп предприятия

значиться (在清单,名单中列有,列入)

Справка

В документах малого предприятия Аргам значится, что Путина Л. А. зачислена на работу экономистом 15.05.2005 г. (приказ № 67 от 12.05.2005 г.). Уволена 31.12.2007 г. (приказ № 92 от 28.12.2007 г.)

Основание: личная карточка Путиной Л. А.

Начальник отдела кадров   Подпись   Расшифровка подписи
Дата
Гербовая печать предприятия

（28）

Московский
Государственный
Университет
им. М. В. Ломоносова

социология 社会学
демография 人口学
архив 档案馆
научно-исследовательское
  учреждение 科研机构

Удостоверение № 7777

Выдано _____

в том, что он сдал кандидатские экзамены по специальности 23.00.03 «экономическая социология» и демография и получил следующие оценки:

Наименование дисциплин	Оценка и дата сдачи экзамена	Фамилия, инициалы, ученые степени, звания и должности председателя и членов экзаменационной комиссии
1. Философия	Отлично 05.06.2005 г.	Председатель комиссии: д. филос. н., проф. Добреньков В. И. Члены комиссии: д. филос. н., проф. Цыганков П. А. д. филос. н., проф. Гараджа В. И.
2. Экономическая социология и демография	Отлично 06.10.2006 г.	Председатель комиссии: д. экон. н., проф. Панкратов А. С. Члены комиссии: д. филос. н., проф. Романенко М. В. д. соц. н., проф. Верховин В. И. д. соц. н., доц. Халиков М. С.
3. Русский язык	Отлично 03.03.2007 г.	Председатель комиссии: д. пед. н., проф. Клобукова Н. И. Члены комиссии: к. филол. н., доц. Нестерская Л. А. к. филол. н., доц. Норейко Л. А. к. филол. н., доц. Яценко И. И.

Выдано на основании подлинных протоколов или удостоверений о сдаче отдельных кандидатских экзаменов, хранящихся в архиве высшего учебного заведения (научно-исследовательского учреждения) по месту сдачи экзаменов.

Директор (Ректор)	Подпись	В. И. Добреньков
Заведующий аспирантурой	Подпись	Е. С. Ясеновская
Гербовая печать		
Дата		

(29)

Удостоверение

Настоящее удостоверение выдано Петраковой Ирине Михайловне в том, что она работает в Московском научно-исследовательском институте нефти и газа в должности начальника отдела кадров.

Действительно по 30 октября 2008 года.

30 октября 2007 года.

Директор НИИ нефти и газа	Подпись	В. И. Сидоров

Печать учреждения

12. Приказ

Приказ — это правовой акт руководителя предприятия, организации. Существуют приказы по основной деятельности производства и приказы по личному составу (кадрам). Текст приказа, как правило, состоит из двух частей: констатирующей и распорядительной. В констатирующей части приказа излагаются основания, причины, побудившие руководителя организации издать данный приказ, указываются его цели и задачи. Распорядительная часть начинается со слова ПРИКАЗЫВАЮ (без кавычек), печатаемого с новой строки от левого поля бланка прописными буквами. После слова ПРИКАЗЫВАЮ ставится двоеточие. Распорядительная часть приказа может делиться на пункты.

命令是企业、机构领导签署的具有法律效力的文件。命令的内容可以涉及主要生产活动，也可以涉及单位的人员问题。命令的正文通常由陈述部分和命令部分组成。陈述部分主要说明发布命令的理由、原因及其目的和任务；命令部分由 ПРИКАЗЫВАЮ 一词开始，该词需要全部大写并另起一行，后面打上冒号。命令部分可以分项来叙述。

констатировать（对某事实加以）确认，确定
распорядительный 管理的，指挥的
двоеточие 冒号

Макет приказа по основной деятельности:
有关主要生产活动的命令模板：

НАИМЕНОВАНИЕ ОРГАНИЗАЦИИ
机构名称
Справочные данные об организации
почтовый адрес, индекс предприятия связи
机构联系方式
通讯地址和邮政编码

ПРИКАЗ
（命令）

00.00.0000（日期） №____（编号）

Место составления
（签发地点）

Заголовок к тексту начинается с предлога О...,
отвечает на вопрос о чем　标题以带前置词 О... 的句式开始，说明命令的内容。

　　В констатирующей части излагаются основания, цели, побудившие руководство организации издать приказ. В некоторых случаях, когда основания очевидны, констатирующая часть опускается.
陈述部分说明发布此命令的理由、目的，常使用"В соответствии с...","Во исполнение...","В целях...","Для..."等句式。在"理由"显而易见的情况下,此部分可以省略。
　　Распорядительная часть начинается со слова ПРИКАЗЫВАЮ.
命令部分以 ПРИКАЗЫВАЮ 一词开始。

1. В начале пункта приводится наименование должности исполнителя, его фамилия, имя и отчество или наименование структурного подразделения (в дательном падеже), затем четко излагается содержание предлагаемых действий (начинается с глагола в неопределенной форме) и указывается срок исполнения.
此项开头需用第三格形式说明执行人的职务,其姓、名和父称或部门名称,然后明确陈述拟执行的事项内容(用动词不定式起头的句式),并标明完成期限。

2. Структура последующих пунктов аналогична. Пункты могут разбиваться на подпункты.
以下各项结构仿第一项,各项可以分成若干小项来叙述。

3. В последнем пункте приказа приводится указание о контроле за исполнением приказа: Контроль за исполнением приказа возложить на... (указывается должность, фамилия, имя и отчество или наименование структурного подразделения).
命令最后一项须对监督命令的执行问题做出明示,使用句式"Контроль за исполнением приказа возложить на..."(指明由何人或何部门负责上述监督以及该负责人的职务、姓、名、父称或部门名称)。

индекс предприятия связи　邮政编码
основание 根据,理由
во исполнение 为履行,为执行
последующий 随后的,以后的
аналогичный 类似的,相似的
разбиваться 分为,分成
возложить 委托,托付

Наименование должности руководителя	（Подпись）	И. О. Фамилия
领导职务	（签字）	姓、名及父称
Визы заинтересованных лиц	（Подпись）	И. О. Фамилия
相关人员的签署	（签字）	姓、名及父称

Должность（职务）
00.00.0000（日期）

Исполнитель И. О. Фамилия（文件经办人姓、名及父称）
Телефон（电话）

В дело 00—00 （подпись）
入……号卷宗（签字）
00.00.0000 （日期）

виза 签署,签证
исполнитель 经办人,执行者
дело 公文卷案

例文：

МИНИСТЕРСТВО ОБРАЗОВАНИЯ РОССИЙСКОЙ ФЕДЕРАЦИИ
（МИНОБРАЗОВАНИЯ РОССИИ）

ПРИКАЗ

16.01.2003　　　　Москва　　　　№ 78

О проведении научных конференций по русскому
языку и русской литературе в 2003 году

В целях совершенствования работы, направленной на повышение качества образования, обновление его содержания

ПРИКАЗЫВАЮ：

1. Утвердить прилагаемый план проведения научных конференций по русскому языку и русской литературе в 2003 году (далее — План).

2. Руководителям высших учебных заведений, указанных в Плане, утвердить программы проведения мероприятий; сформировать составы организационных комитетов; предусмотреть финансирование подготовки и проведения мероприятий из средств высших учебных заведений.

обновление 更新,革新
сформировать 组成,建立
финансирование 拨款

3. После завершения мероприятий руководителям высших учебных заведений в месячный срок направить файл с решениями конференций по E-mail: svm@informika.ru для выставления на сайт Минобразования России www.ed.gov.ru и по E-mail: Portal@gramota.ru для выставления на сайт www.Gramota.ru.

4. Контроль за исполнением настоящего приказа возложить на заместителя Министра Л. С. Гребнева.

файл（信息）文件
сайт 网页

Министр　　　　　　　　　　　　　　　　　　**В. М. Филиппов**
М. П.

例文参考译文：

俄罗斯联邦
教育部
关于 2003 年举办俄语和俄罗斯文学学术研讨会的

命　　令

2003 年 1 月 16 日　　莫斯科　　　第 78 号

为了进一步完善有关提高教育质量、改革教育内容的工作,兹命令:

1. 批准所附 2003 年举办俄语和俄罗斯文学学术研讨会的计划(以下称"计划")。
2. "计划"中指定的高校领导须批准活动举行的日程,确定组委会成员,规定从高校经费中拨款用于活动的筹备和举办。
3. 活动结束后,上述高校领导须在一个月期限内将研讨会的决议以文件形式发至电子邮箱(svm@informika.ru 和 Portal@gramota.ru,以便分别挂在俄罗斯教育部网页 www.ed.gov.ru 和 www.Gramota.ru)网页。
4. 本命令的执行情况由教育部副部长勒·斯·格列布涅夫负责监督。

部长　弗·姆·菲利波夫
教育部印章

Образцы:

(30)

Российская оборонная спортивно-техническая организация ОСТО России

РОСТОВСКИЙ ОБЛАСТНОЙ СОВЕТ
ПРИКАЗ

4 августа 2007 г.   № 189

г. Ростов-на-Дону

Об упорядочении приема на работу, увольнения
и предоставления отпусков руководителям и главным
бухгалтерам организации РОСТО области

В последнее время участились случаи нарушений трудового законодательства о порядке приема на работу, увольнения и предоставления отпусков работникам организаций РОСТО области.

В целях наведения порядка в вопросах оформления трудовых отношений
ПРИКАЗЫВАЮ:

1. Назначения на должности, увольнения и предоставления отпусков руководителям и главным бухгалтерам (заместителям по экономической работе) производить только приказами по областному Совету РОСТО.

2. При приеме на работу заместителем председателя и начальником отделов ОС РОСТО в обязательном порядке проводить собеседования с претендентом на должность с соответствующими выводами.

3. Увольнение, предоставление отпусков вышеуказанным категориям работников производить только по согласованию со всеми заместителями, начальниками отделов ОС РОСТО.

4. Непредоставление ежегодных отпусков, кроме исключительных случаев, предусмотренных ТК РФ, запретить.

5. Ведущему инструктору ОС по кадрам завести персональный учет и осуществлять контроль за использованием отпусков руководителями и главными бухгалтерами организаций РОСТО области.

6. Руководителям организаций РОСТО области графики отпусков предоставлять в областной Совет РОСТО на 1 января.

РОСТО (Российская оборонная спортивно-техническая организация) 俄罗斯国防体育技术组织
упорядочение 整顿好,调整好
участиться 次数更多,更频繁
ОС (областной совет) 州理事会
ТК (трудовой кодекс) 劳动法

7. Контроль за выполнением приказа возложить на первого зам. Председателя ОС РОСТО полковника В. А. Бочарникова.

Председатель областного
Совета РОСТО генерал-майор　　　　Подпись　　　　В. Н. Назымко

(31)

ОАО Монолит

10. 05. 2006　　　　　　　ПРИКАЗ　　　　　　　№ 8

Москва

ОБ ОРГАНИЗАЦИИ ЗАНЯТИЙ ПО ПОВЫШЕНИЮ КВАЛИФИКАЦИИ РУКОВОДЯЩИХ РАБОТНИКОВ ФИРМЫ
НА 2006－2007 УЧЕБНЫЙ ГОД

В соответствии со ст. 8 Положения о государственном производственном предприятии
ПРИКАЗЫВАЮ：

1. Организовать на заводе трехмесячные курсы по повышению квалификации руководящих работников фирмы по прилагаемой программе курсов на 48 учебных часов.
2. Утвердить список работников, обязанных повысить свою квалификацию на курсах.
3. Установить день занятий — вторник. Продолжительность занятия — 4 часа.
4. Контроль за организацией занятий и общее методическое руководство возложить на главного инженера г-на Архипова В. С.

Директор　　　　　　Подпись　　　　　　Б. И. Романов

Квасова О. М.
111－11－11

продолжительность 持续时间
методическое руководство 方法指导

(32)

```
                    ЗАО «Рябина»

                       ПРИКАЗ

12.04.2000                                          № 36-к
                     г. Новосибирск


О приеме на работу
Григорьевой В. И.

ГРИГОРЬЕВУ Валентину Ивановну принять старшим экономистом с 14.04.2000 с
окладом согласно штатному расписанию.
Основание: трудовой договор


Директор              Подпись     Н. И. Петров
```

штатное расписание
编制表,在职人员名册

13. Протокол
会议记录

Протокол — документ, в котором фиксируется последовательность и содержание обсуждаемых коллегиальным органом (совещанием, конференцией, советом и т. д.) поставленных вопросов и принятых решений. Текст протокола состоит из вводной и основной частей. Во вводной части приводятся данные о председателе, секретаре и присутствующих членах коллегиального органа и излагается повестка дня. Основная часть строится в такой последовательности: СЛУШАЛИ — ВЫСТУПИЛИ — ПОСТАНОВИЛИ (РЕШИЛИ). Основное содержание докладов и выступлений помещается в тексте протокола или прилагается к нему. Постановление (решение) в тексте протокола печатается полностью, при

会议记录——是按顺序对会议(大会、理事会议等)讨论的问题以及所形成的决议等内容的记录。会议记录由引言和正文两部分组成。引言通常包括以下要项：会议主席、秘书、出席人员、议程。正文中每项议程通常按照"听取——发言——决议"的顺序撰写。会议报告和发言的主要内容既可以在正文中陈述，也可以附在会议记录的正文之后。决议部分的全部内容要写在会议记录的正文

фиксироваться 规定,确定
последовательность 连贯性,循序渐进性;先后顺序
коллегиальный 集体进行的,集体实现的
постановление (集体的)决定,决议

необходимости приводятся итоги голосования. Протокол также включает дату, номер протокола и подписи председателя и секретаря заседания (совещания). Подпись включает наименование должности лица, его личную подпись, расшифровку подписи (инициалы и фамилия).

中,必要时需要写明投票结果。会议记录要注明会议日期和编号,并由会议主席和秘书签字,签字包括职务、亲笔签字和签字的解读形式(名和父称的首字母及姓)。

Макет оформления протокола:
会议记录模板:

НАИМЕНОВАНИЕ ОРГАНИЗАЦИИ
机构名称
Справочные данные об организации
机构联系方式

ПРОТОКОЛ
(会议记录)

00.00.0000 (日期)   No _____ (编号)

Место составления
(撰写地点)

Форма заседания (会议形式)

Председатель (主席)   Ф. И. О. (姓、名及父称)
Секретарь (秘书)   Ф. И. О. (姓、名及父称)
Присутствовали ____ чел. (указываются инициалы, фамилии или прилагается список присутствующих в алфавитном порядке, столбцом)
(出席人数,写明出席者姓以及名和父称的首字母,或附上出席者名单,并按照字母顺序纵向排列)

Повестка дня:
(议程)

1. Первый вопрос (формулировка). Доклад (наименование должности, фамилия, имя, отчество в родительном падеже).
   第一个问题(具体措辞)。报告(用第二格形式注明报告人的姓、名、父称和职务)。
2. Второй вопрос (формулировка). Доклад (оформление аналогичное).
   第二个问题(具体措辞)。报告(写法同上)。

> алфавитный 按字母顺序的
> столбец 纵行,直行
> формулировка 措辞,表达

1. СЛУШАЛИ:

(听取)

Ф. И. О. (в именительном падеже) — краткое или развернутое изложение содержания выступления (от первого лица).

(姓、名及父称(第一格)——用第一人称对发言内容进行简短或详细的叙述)

ВЫСТУПИЛИ:

(发言)

Ф. И. О. — излагается содержание выступления (после фамилии в скобках может быть указана должность выступающего).

(姓、名及父称——陈述发言内容)(在姓名之后可以用括号形式说明发言者职务)

ПОСТАНОВИЛИ:

(决议)

1.1. Излагается формулировка постановления по первому вопросу — указывается действие в неопределенной форме (поручить, организовать и т. д.), исполнитель (должностное лицо, структурное подразделение), срок исполнения.

陈述关于第一个问题决议的措辞——用动词不定式形式说明行为(如:поручить,организовать 等),注明执行者(负责人、部门),完成期限。

1.2. Аналогично оформляется пункт второго постановления по первому вопросу.

仿照上一项陈述关于第一个问题的第二项决议。

2. СЛУШАЛИ:

(听取)

Оформление второго вопроса повестки дня строится по первому пункту.

仿照第一项撰写议程的第二个问题。

Председатель	(подпись)	И. О. Фамилия
主席	(签字)	姓、名及父称
Секретарь	(подпись)	И. О. Фамилия
秘书	(签字)	姓、名及父称

В дело 00—00 (подпись, дата)

入……号卷宗(签字,日期)

> развернутый 全面的,详细的

例文：

Открытое акционерное общество
«ТИТАН»

ПРОТОКОЛ
Общего собрания акционеров

_____ г. Находка №_____
(Дата)

Председательствующий — Н. В. Филанчук
Секретарь — В. А. Моисеева

Общее количество голосов, которыми обладают акционеры — владельцы акций общества — 135.

Количество голосов, которыми обладают акционеры, принимающие участие в собрании — 101.

ПОВЕСТКА ДНЯ：

1. О внесении изменений и дополнений в устав общества.
Информация председателя совета директоров общества И. И. Неунылова
2. Разное.

СЛУШАЛИ：
Информацию И. И. Неунылова — текст прилагается.

ВЫСТУПИЛИ：

1. М. Л. Туркина — высказалась в поддержку предложений И. И. Неунылова.
2. А. А. Севастьянов — высказался в поддержку предложений И. И. Неунылова. Внес предложение о внесении дополнений в устав общества (текст предложения прилагается).
3. П. П. Горохов — внес предложение о постановке вопроса на голосование.

Результаты голосования：
«ЗА» — 90 голосов. «ПРОТИВ» — 10 чел. Воздержался — 1 чел.

ПОСТАНОВИЛИ：

1. Утвердить изменения в устав общества согласно предложению в информации И. И. Неунылова.

2. Утвердить дополнения к уставу общества согласно предложению А. А. Севастьянова.

Председательствующий: _____ Н. В. Филанчук
(подпись)

Секретарь: _____ В. А. Моисеева
(подпись)

例文参考译文：

"提坦神"开放型股份公司

股东全体大会会议记录

日期　　　　　　　　　　　纳霍德卡市　　第__号

主席：恩·弗·菲兰丘克
秘书：弗·阿·莫伊谢耶娃

拥有投票权的股东总数为135人。
参加会议的有投票权的股东人数为101人。

议程：
1. 对公司章程的补充和修订
公司董事会主席伊·伊·涅乌内洛夫的信息通报
2. 其他事项

听取：
伊·伊·涅乌内洛夫的信息通报——文本见附件。
发言：
1. 姆·勒·图尔金娜发言支持涅乌内洛夫的建议。
2. 阿·阿·谢瓦斯季亚诺夫发言赞成涅乌内洛夫的建议。对公司章程的补充提出了建议（建议文本见附件）。
3. 普·普·戈罗霍夫建议对该问题进行投票表决。
投票结果：
　　90票赞成，10票反对，1票弃权。

决议：
1. 批准按照涅乌内洛夫信息通报中的建议对公司章程进行修改。
2. 批准按照谢瓦斯季亚诺夫的建议对公司章程进行补充。

主席：恩·弗·菲兰丘克（签字）
秘书：弗·阿·莫伊谢耶娃（签字）

Образцы：

(33)

ОАО РОСТОВСКИЙ ХЛЕБОКОМБИНАТ

ПРОТОКОЛ

02.12.2007 № 356—21

г. Ростов-на-Дону

Заседание Совета директоров.

Председатель	И. Н. Кононенко
Секретарь	В. И. Смирнов
Присутствовали члены Совета директоров, пять человек:	И. Р. Захаров
	И. П. Козленко
	И. Н. Кононенко
	И. С. Никоненко
	А. В. Петровский

Повестка дня:
Отчет о работе хлебокомбината за ноябрь 2007 года.

СЛУШАЛИ:
И. Н. Кононенко (генеральный директор) — доклад прилагается.
ВЫСТУПИЛИ:

> хлебокомбинат 面包厂
> отчет 工作报告，总结

А. В. Петровский (член Совета директоров). В выступлении остановился на недостатках, которые имеют место в работе отдельных сотрудников: неправильная маркировка и срыв выездной торговли.

И. С. Никоненко (член Совета директоров). Отметил, что в целом работа ведется неплохо: увеличилась производительность труда, повысилась рентабельность, улучшилась позиция предприятия на региональном рынке хлебобулочных изделий.

ПОСТАНОВИЛИ:

1. Премировать за ноябрь:

   Рабочих-сдельщиков основного производства — в размере 40% от сдельного заработка;

   Рабочих-повременщиков — в размере 40% окладов.

2. Лишить премии за ноябрь:

   О. П. Иванова, Л. Р. Сидорова, Н. Р. Левченко за допущенное несоответствие в маркировке пряников 25.11.2007;

   Л. Д. Гончар за срыв выездной торговли в п. Зимовники 23.11.2007.

Председатель	Подпись	И. Н. Кононенко
Секретарь	Подпись	В. И. Смирнов

отдельный 个别的,某些的
маркировка 标记,唛头
срыв 破坏,干扰
рентабельность 利润率,盈利率
хлебобулочные изделия (各种)面包类的食品
премировать 奖励
сдельный заработок 计件工资
повременщик 计时工资人员
пряник 蜜糖饼干

14. Докладная записка
报告书

Докладная записка — документ, адресованный вышестоящему руководителю с изложением конкретной проблемы или постановкой вопроса и содержащий ответы и предложения. В зависимости от содержания и назначения докладные записки делятся на информационные и отчетные. В зависимости от адресата докладные записки бывают внутренние (направленные непосредственному руководителю) и внешние (направленные в вышестоящие организации).

报告书是下级向上级陈述某个具体问题或提出某个问题并说明自己的意见、想法和建议的文件。根据其内容和用途,可以分为信息报告书和总结报告书;根据收件人的不同,又可以分为呈送直接领导的内部报告书和递交上级部门的对外报告书。

вышестоящий 上级的,高级的
непосредственный 直接的

Докладная записка обычно включает следующие реквизиты：
报告书通常包括以下要项：

1. Должность, фамилия, имя и отчество руководителя, на чье имя адресуется докладная записка；
   报告书所要呈送的上级领导人的职务、姓、名及父称（名和父称通常只用第一个字母）；

2. Должность, фамилия, имя и отчество автора докладной записки；
   报告书撰写者的职务、姓、名及父称（名和父称通常只用第一个字母）；

3. Наименование и указание, по какому вопросу составлена докладная записка；
   报告书名称及其所涉及问题的标题；

4. Текст и перечень приложений；
   正文及附件；

5. Дата и место составления докладной записки；
   报告书撰写的时间和地点（有时还包括报告书的代号）；

6. Подпись должностного лица, составившего докладную записку.
   报告书撰写者的签字。

Макет оформления внешней докладной записки
对外报告书模板：

НАИМЕНОВАНИЕ ОРГАНИЗАЦИИ
机构名称

Справочные данные об организации

почтовый адрес, индекс предприятия связи
机构联系方式，通信地址和邮政编码

Наименование должности
и И. О. Фамилия адресата
с включением наименования
организации в дательном падеже

收件人职务称谓（含机构名称）
和姓、名及父称（用第三格形式）

ДОКЛАДНАЯ ЗАПИСКА
报告书

00.00.0000 （日期）　　　　　　　　　　№ ____ （编号）

Место составления
（撰写地点）

Заголовок начинается с предлога О...
标题（以带前置词 О... 的句式开始）

> Довожу до Вашего сведения...
> 奉告...

Излагается проблема, вопрос, ситуация (не рекомендуется текст начинать со слов: Довожу до Вашего сведения...).
陈述问题，说明情况。

Затем приводятся выводы и предложения.
然后做出结论和建议。

Если сведения, приводимые в докладной записке, относятся к определенной дате или отрезку времени, то это время включается в заголовок.
如果报告书中的信息涉及某个确定的日期或时间段，则需要在标题中注明该时间。

Оформляют приложение, если оно есть.
如果有附件，需要列出并说明。

Приложения: 1. Наименование приложения.
            2. Наименование приложения.
附件：　（名称）

Должность лица,
подписавшего документ   (Подпись)   И. О. Фамилия
报告书签署者的职务   签字   姓、名及父称

例文：

> предписание 指示，吩咐
> смотритель 巡视员，检查员
> побелить 刷白
> подогнать 配上，配制

Директору ЗАО Монолит
Э. А. Островскому

ДОКЛАДНАЯ ЗАПИСКА

О проверке технического состояния жилых помещений базы отдыха

Согласно Вашему предписанию мною совместно с техником-смотрителем г-ном Р. А. Лавитовым 7—8 мая с. г. проведен осмотр жилых помещений базы отдыха нашей фирмы. Все жилые корпуса в удовлетворительном состоянии. Однако в корпусе № 1 необходимо вставить стекла, корпус № 2 следует побелить, а в корпусе № 3 надо подогнать двери.

После устранения этих дефектов и соответствующей уборки жилые помещения будут пригодны для приема отдыхающих.

> дефект 缺陷，毛病
> пригодный 适宜的，合适的

Начальник базы отдыха　　　　Подпись　　　　Л. П. Коршунова
10 мая 2008 г.

例文参考译文：

关于休养基地住房技术状况检查结果的报告书

"巨石"封闭型股份公司经理埃·阿·奥斯特洛夫斯基：

　　遵照您的指示，我和技术检查员拉维托夫先生于今年5月7日和8日对公司休养基地的住房进行了检查。所有的楼房状况良好，但是1号楼需要安装玻璃，2号楼需要粉刷，3号楼需要配好门。

　　进行完上述维修和清扫后，住房便可以接待休养者。

休养基地主任
勒·普·科尔舒诺娃（签字）
2008年5月10日

Образцы:

(34)

ОАО «ЛИДЕР»

ДОКЛАДНАЯ ЗАПИСКА

20.09.2008

Главному инженеру
С. Ф. Игнатьеву

О несоблюдении техники безопасности на стройучастке

> стройучасток 建筑工段，建筑工区

Мною неоднократно ставился перед Вами вопрос о соблюдении техники безопасности на стройучастке. Однако до сих пор отсутствуют ограждения в местах производства строительных работ:

1. Не ограждаются места сварочных работ, где могут падать предметы с высоты.
2. В районе механосборочного цеха ведется бетонирование колонн, хотя ограждение котлована не сделано.

Прошу срочно принять меры.

| ограждение 围挡,防护(层) |
| сварочные работы 焊接作业 |
| механосборочный цех 机械装配车间 |
| бетонирование 浇灌混凝土 |
| котлован 〈建〉地槽,基坑 |

Инженер по технике
безопасности   Подпись   В. С. Ильин

(35)

Коммерческий отдел

Директору ООО Торговый дом
Господину С. К. Воробьеву

эффективность 效率

Докладная записка
22.03.2008 № 78
Москва

О покупке компьютеров

В настоящее время 3 (трех) имеющихся в коммерческом отделе компьютеров недостаточно.

В целях повышения эффективности работы коммерческого отдела прошу рассмотреть вопрос о дополнительной покупке 2 (двух) компьютеров.

Начальник
Коммерческого отдела   Подпись   Л. И. Сухоруков

(36)

Контрольно-ревизионный отдел

контрольно-ревизионный
监察的

23.09.2008 г.

> ревизия 检查；(财)审查
> инвентаризация 资产登记；清点，盘存

Генеральному директору
объединения
И. И. Иванову

Докладная записка

О назначении документальной ревизии
в магазине № 36

При проведении 19. 09. 2008 г. инвентаризации товарных фондов магазина № 36 обнаружена недостача различных товаров на сумму 26000 руб.

Прошу Вас назначить документальную ревизию товарных операций магазина № 36 за период с 01. 08. 2008 г. по 19. 09. 2008 г.

Зам. начальника отдела   Подпись   И. О. Фамилия

15. Объявление
布告

Объявление — это извещение о чем-либо. Извещение может быть напечатано в газете, в журнале, в Интернете, вывешено где-нибудь (например, на почте, в магазине), объявлено по радио, телевидению. Объявления пишут как предприятия, организации, учреждения, так и отдельные должностные или частные лица. Содержание объявлений может быть различным, форма может быть простой и развернутой. Для объявлений о тех или иных мероприятиях характерна определенная форма. В такого рода объявлениях обычно указываются: время; место; наименование мероприятия; ответственный за проведение мероприятия.

布告是企业、组织、机构或个人通过报刊、杂志、网络等登载出来，或在邮局、商店等处张贴出来，或经广播、电视发布出来，向公众发布消息的一种应用文。布告的内容多样，格式灵活，根据内容的不同而可简可繁。关于举办活动的布告通常有一定的格式，要指明活动的时间、地点、活动名称以及负责人等情况。

例文：

ОБЪЯВЛЕНИЕ

13 сентября, в 15 часов, в аудитории 305 учебного корпуса № 2 состоится общее собрание студентов и преподавателей факультета русского языка и литературы. Явка обязательна.

Деканат

10 сентября 2008 года

例文参考译文：

布　　告

兹定于2008年9月13日下午3点在二教305教室举行俄罗斯语言文学系全体师生大会。请务必出席。

系主任办公室
2008年9月10日

(37)

День открытых дверей факультета глобальных процессов

День открытых дверей факультета глобальных процессов МГУ имени М. В. Ломоносова будет проходить 23 марта 2008 года в 14.30 в ауд. III I гуманитарного корпуса.

В программе Дня открытых дверей:
выступления администрации и преподавателей;
презентация отделений:
— Глобальная экономика и управление
— Геополитика и дипломатия
встреча со студентами;
выступление представителей приемной комиссии и экзаменационных комиссий.

Получить более подробную информацию можно на сайте: http://www.fgp.msu.ru/

глобальный процесс　全球进程
презентация　展示会，推介会
геополитика　地缘政治学

(38)

Пресс-служба

Уважаемые господа журналисты! И все, кого по той или иной причине заинтересовал данный раздел Интернет-сайта Московского государственного университета имени М. В. Ломоносова.

Мы рады, что у Вас нашлось время заглянуть на нашу страничку. Это говорит о том, что вы интересуетесь Московским университетом и событиями, которые в нем происходят. Мы постараемся сделать так, чтобы приведенная здесь информация принесла вам максимум пользы и оказалась по возможности достаточно полной. Вы можете сами поучаствовать в ее наполнении любым удобным для вас способом:

1. Написать статью о Московском университете и обо всем, что с ним связано, которая, как и материалы других журналистов, будет размещена здесь же.
2. Отправить ваши пожелания и предложения по электронной почте — press@msu.ru, или по телефону 939—40—28.

На все ваши вопросы, по мере сил и возможностей ответит Директор Центра СМИ МГУ Решетникова Светлана Владимировна.

Контакты:
Решетникова Светлана Владимировна
Тел. 939—40—28
press@msu.ru

максимум	最大限度
электронная почта	电子邮箱
СМИ (средства массовой информации)	大众传媒，媒体

(39)

О кончине Власова В. И.

27—03—2007

Руководство Министерства иностранных дел Российской Федерации извещает, что 24 марта 2007 года после продолжительной болезни скончался советник 1 класса в отставке Власов Виктор Иванович, 1921 года рождения.

кончина	逝世
скончаться	逝世，去世
советник	参赞
в отставке	退休，退职

Власов В. И. — ветеран Великой Отечественной войны. После окончания в 1951 г. Московского института востоковедения работал в МИД СССР — занимал различные должности в центральном аппарате, работал в Посольстве СССР в Индонезии.

Боевые и трудовые заслуги Власова В. И. были отмечены государственными наградами. Добрая память о Власове В. И. навсегда останется в сердцах всех, кто знал его по работе и в жизни.

МИД (Министерство иностранных дел) 外交部
Индонезия 印度尼西亚

Приложения
附 录

附录一 俄罗斯国立莫斯科罗蒙诺索夫大学毕业证书

(Герб РФ)

Диплом является государственным документом о высшем образовании

Регистрационный номер

Дата выдачи

Российская Федерация

г. Москва

Московский государственный университет имени М. В. Ломоносова

Диплом

Д И Б   000000

Решением

Государственной аттестационной комиссии

от _____ года

ПРИСУЖДЕНА СТЕПЕНЬ БАКАЛАВРА

ЭКОНОМИКИ

по направлению

Экономика

Председатель Государственной аттестационной комиссии　　　(Подпись)

Ректор　　　(Подпись)

(Печать)

Слова и выражения

生词及短语

- государственный документ о высшем образовании 国家高等教育证书
- регистрационный номер 登记号
- дата выдачи 颁发日期
- Государственная аттестационная комиссия 国家鉴定委员会
- степень Бакалавра 学士学位

附录二　俄罗斯国立莫斯科罗蒙诺索夫大学毕业成绩单

Фамилия, имя, отчество _____ **Дата рождения** _____ **Предыдущий документ об образовании** 　　свидетельство о законченном полном среднем образовании _____ Вступительные испытания **Поступил(а) в** _____ году в Московский государственный университет имени М. В. Ломоносова Завершил (а) обучение в _____ году в Московском государственном университете имени М. В. Ломоносова **Нормативный** период обучения по очной форме　4 года **Направление / специальность** экономика **Специализация**　　не предусмотрена Курсовые работы: 1. Общая экономическая теория — отлично 2. Экономическая информатика и вычислительная техника — отлично **Практика**: не предусмотрена Итоговые государственные экзамены: по экономике — отлично	Российская Федерация (Герб РФ) г. Москва Московский государственный университет имени М. В. Ломоносова Приложение К ДИПЛОМУ № Д И Б　000000 _____ (регистрационный номер) _____ (дата выдачи) Решением Государственной аттестационной комиссии от _____ года присуждена СТЕПЕНЬ БАКАЛАВРА ЭКОНОМИКИ по направлению Экономика Ректор　(Подпись)　И. О. Фамилия Декан　(Подпись)　И. О. Фамилия Секретарь　(Подпись)　И. О. Фамилия

| Выполнение и защита выпускной квалификационной работы на тему _____, 20 недель, — хорошо Данный диплом дает право на профессиональную деятельность в соответствии с уровнем образования и квалификацией. | (Печать) |

За время обучения сдал (а) зачеты, промежуточные и итоговые экзамены по следующим дисциплинам:

Наименование дисциплин	Общее количество часов	Итоговые оценки
1. Микроэкономика	——	Отлично
2. Макроэкономика	——	Удовлетворительно
3. Философия	——	Хорошо
4. Политология	——	Отлично
5. Международная экономика	——	Отлично
6. Экономическая история	——	Удовлетворительно
7. Математический анализ	——	Зачет
8. Менеджмент	——	Хорошо
9. Статистика	——	Хорошо
10. Линейная алгебра	——	Удовлетворительно
11. Теория вероятностей	——	Зачет
12. Эконометрика	——	Удовлетворительно
13. Выполнение курсовых работ	——	Зачет
Дисциплины по выбору		
14. История мировых цивилизаций	——	Отлично
15. Основы управления рисками	——	Отлично
Специальные курсы и семинары		
16. Компьютерный бухгалтерский учет	——	Зачет

续表

17. Аудит	——	Отлично
18. Финансовый анализ	——	Зачет
19. Управление финансовыми рисками	——	Зачет
20. Русский язык	——	Отлично
Всего	——	
В том числе аудиторных занятий	——	

Дата выдачи

Слова и выражения

生词及短语

- свидетельство о законченном полном среднем образовании 中学毕业证书
- вступительные испытания 入学考试
- период обучения по очной форме 全日制学制
- курсовая работа 学年论文
- итоговый государственный экзамен 国家毕业考试
- выполнение и защита выпускной квалификационной работы 毕业学术论文完成及答辩情况
- приложение к Диплому 证书附件
- зачет 考查
- промежуточные и итоговые экзамены 期中和期末考试
- наименование дисциплин 课程名称
- общее количество часов 总学时
- итоговые оценки 成绩
- отлично 优秀
- хорошо 良好
- удовлетворительно 及格
- микроэкономика 微观经济学
- макроэкономика 宏观经济学
- политология 政治学
- менеджмент 管理学
- статистика 统计学
- линейная алгебра 线性代数

- теория вероятностей 概率论
- эконометрика 计量经济学
- дисциплины по выбору 选修课程
- основы управления рисками 风险管理原理
- специальный курс (спецкурс) 专题课
- семинар 课堂讨论
- бухгалтерский учет 会计核算
- аудит 审计
- финансовый анализ 财务分析

附录三 白俄罗斯国立经济大学毕业证书

РЕСПУБЛИКА БЕЛАРУСЬ
ДИПЛОМ
ДИ № 0000000

Настоящий диплом выдан _____
_____
и свидетельствует о том, что он _____ в _____ году поступил в Белорусский государственный экономический университет и в _____ году окончил полный курс названного университета по специальности коммерческая деятельность.

Решением Государственной экзаменационной комиссии № _____ от ____ года присвоена квалификация экономист.

Особым решением Государственной экзаменационной комиссии _____ присвоена ученая степень Магистра экономических наук.

Настоящий диплом дает право на самостоятельное выполнение всех работ, связанных с полученной квалификацией и специальностью.

Место для фото

Председатель Государственной экзаменационной комиссии
(Подпись)   И. О. Фамилия
Ректор   (Подпись)   И. О. Фамилия
Декан факультета (Подпись)   И. О. Фамилия

Город Минск, _____ _____ 20 ____ года
Регистрационный № _____

Слова и выражения

生词及短语

- квалификация 资格
- ученая степень Магистра экономических наук 经济学硕士学位

附录四　俄罗斯国立莫斯科罗蒙诺索夫大学翻译学院教学计划

Высшая школа перевода (факультет)

Московского государственного университета

имени М. В. Ломоносова

Магистерская программа (Master's Degree Programm)

"Теория перевода и межкультурная / межъязыковая коммуникация"

Срок обучения 2 года.

По завершении обучения выпускникам выдается государственный диплом МГУ имени М. В. Ломоносова и присваивается степень "Магистр Лингвистики".

Форма обучения — очная. Обучение платное.

На программу принимаются лица, имеющие степень бакалавра по результатам вступительных экзаменов.

Возможно размещение в общежитии МГУ

Вступительные экзамены:

1. Русский язык (письменно и устно)
2. Английский или французский язык (письменно)

Специализации:

&Переводчик международных конференций

&Письменный научно-технический перевод

&Художественный перевод

&Теория, история перевода

Языки в комбинациях A/B/C

русский, китайский, корейский, новогреческий, английский, французский, испанский

Программа обучения

Дисциплины	Объем часов за год	семестр
1. Семиотика	60	1
2. История языкознания и наука о переводе	60	1
3. Методы лингвистического анализа и переводческий анализ текста	60	2

4. Речевое общение (русский язык)	154	1
	146	2
5. Речевое общение (иностранный язык)	110	1
	72	2
6. Современный русский язык	100	1
7. Теория межъязыковой коммуникации	56	1
8. Европейская цивилизация	100	1
9. Общая теория перевода	80	2
10. Общий перевод (A—B; B—A)	72	2
	72	3
	72	4
11. Общий перевод (B—C; C—B)	72	2
	72	3
	72	4
12. Практика письменного высказывания (русский язык)	110	1,2
13. Практика письменного высказывания (язык C)	110	1,2
14. Компьютерные технологии в лингвистических исследованиях	60	3
15. Речевая деятельность общества (русский язык)	72	3
16. Общая теория перевода	80	3
	80	4
17. Стилистика русского языка	54	3
	54	4
18. Литературное редактирование	54	3
	54	4
19. Практическая риторика (практика устного высказывания)	54	3
	54	4
20. Практикум по культуре речевого общения (язык C)	110	4
21. Спецкурс, спецсеминар (работа по подготовке магистерской диссертации, научно-исследовательская работа)	2034	3,4

俄语应用文写作

Контактный телефон：＋7 495 932 80 72
e-mail：translator_msu@mail.ru

www.esti.msu.ru

Слова и выражения

生词及短语

- высшая школа перевода（факультет）高等翻译学院（系）
- магистерская программа（Master's Degree Programm）硕士培养计划
- "Теория перевода и межкультурная / межъязыковая коммуникация" "翻译理论和跨文化（跨语言）交际"
- размещение в общежитии 安排宿舍
- письменный научно-технический перевод 科技翻译（笔译）
- художественный перевод 文学作品翻译
- комбинация 组合
- семиотика 符号学
- история языкознания 语言学史
- методы лингвистического анализа и переводческий анализ текста 语言学分析方法和篇章翻译分析
- речевое общение 言语交际
- теория межъязыковой коммуникации 跨语言交际理论
- европейская цивилизация 欧洲文明
- компьютерные технологии в лингвистических исследованиях 语言学研究中的计算机技术
- стилистика 修辞学
- литературное редактирование 文学编辑
- научно-исследовательская работа 科研工作

附录五 外国人体检证明

СПРАВКА О ЗДОРОВЬЕ ИНОСТРАНЦА
外国人体格检查纪录

Ф.И.О 姓　名		Пол 性别	Ж 女 М 男	Дата рождения 出生日期		
Домашний адрес 家庭住址				Группа крови 血型		照　片 Фото
Гражданство 国　籍		Место рождения 出生地址				
Были ли у Вас когда-либо нижеследующие заболевания? （укажите ответ "да" или "нет"） 过去是否患有下列疾病：（每项后面请回答"是"或者"否"）							
Сыпной тиф　　□ Нет □ Да （斑疹伤寒）　　　　否　　　是 Полиомиелит　　□ Нет □ Да （脊髓灰质炎）　　　否　　　是 Гепатит　　　　□ Нет □ Да （病毒性肝炎）　　　否　　　是 Возвратный тиф　□ Нет □ Да （回归热）　　　　　否　　　是 Менингит　　　　□ Нет □ Да （流行性脑（脊髓）膜炎）　否　　　是			Дизентерия　　　□ Нет □ Да （菌痢）　　　　　　否　　　是 Дифтерия　　　　□ Нет □ Да （白喉）　　　　　　否　　　是 Скарлатина　　　□ Нет □ Да （猩红热）　　　　　否　　　是 Паратиф　　　　　□ Нет □ Да （伤寒和副伤寒）　　否　　　是			
Есть ли у вас следующие заболевания, опасные для окружающих （укажите ответ "да" или "нет"） 是否患有下列危及公共秩序和安全的病毒（每项后面请回答"是"或者"否"）							
Токсикомания　　　　　　　□ Нет　　　　　□ Да （毒　物　瘾）　　　　　　　　否　　　　　　　是 Ментальное расстройство　　□ Нет　　　　　□ Да （精神错乱）　　　　　　　　　否　　　　　　　是 Психические заболевания:　маниакальный психоз　□ Нет　　□ Да （精神病）:　　　　　　　（躁狂型）　　　　　　否　　　　是 　　　　　　　　　　　　　паранойя　　　　　　　□ Нет　　□ Да 　　　　　　　　　　　　　（妄想型）　　　　　　　否　　　　是 　　　　　　　　　　　　　галлюцинация　　　　　□ Нет　　□ Да 　　　　　　　　　　　　　（幻觉型）　　　　　　　否　　　　是							

附录六　出差证明

- Лицевая сторона

ЗАО «Монолит»

(наименование организации)

Номер документа	Дата составления
68	12.12.2004

КОМАНДИРОВОЧНОЕ УДОСТОВЕРЕНИЕ

Работник　　Исаев Сергей Иванович
(фамилия, имя, отчество)

Экономист завода по ремонту часов
(наименование профессии (должность))

_____
(наименование структурного подразделения)

командируется в　　　　　　　г. Рязань
(место назначения (страна, город, организация)

для　　Приказ №96 от 12 декабря 2004 года
(цель командировки)

на　　4　　дней (не считая времени нахождения в пути)
с «12» декабря 20 04 года по «16» декабря 20 04 года

Действительно по предъявлении паспорта серии XX II-CA № 748116

Руководитель　Генеральный директор　　　А. А. Леров
　(должность)　　　　(подпись)　(расшифровка подписи)

Оборотная сторона

 Отметки о выбытии в командировку, прибытии в пункты назначения, выбытии из них и прибытии в место постоянной работы:

Выбыл из г. Москвы	Прибыл в г. Рязань
«13» декабря 20 04 года	«13» декабря 20 04 года
А. А. Леров _____	Г. Е. Сидоров _____
(должность) (подпись)	(должность) (подпись)
_____	_____
(расшифровка подписи)	(расшифровка подписи)
М. П.	М. П.
Выбыл из г. Рязани	Прибыл в г. Москву
«16» декабря 20 04 года	«16» декабря 20 04 года
Г. Е. Сидоров _____	А. А. Леров _____
(должность) (подпись)	(должность) (подпись)
_____	_____
(расшифровка подписи)	(расшифровка подписи)
М. П.	М. П.

Слова и выражения

生词及短语

- лицевая сторона 正面
- экономист завода по ремонту часов 钟表维修厂经济师
- командироваться 出差
- Рязань 梁赞市
- место назначения 目的地
- действительно по предъявлении паспорта 出示身份证有效
- расшифровка подписи 签字解读
- оборотная сторона 背面
- отметка 备注
- выбытие 离开
- прибытие 抵达

附录七　秘书劳动合同

Трудовой договор с секретарем руководителя

1. Предприятие (организация) закрытое акционерное общество "МИКС"
(наименование)
в лице генерального директора ЗАО Ваулиной Марии Карповны ,
(должность, Ф. И. О)
именуемое в дальнейшем "Предприятие", с одной стороны, и гражданка Юровская Лилия Константиновна ,
(Ф. И. О)
именуемая в дальнейшем "Работник", с другой стороны, заключили настоящий договор о нижеследующем.

2. Работник Юровская Лилия Константиновна
(Ф. И. О)
принимается на работу в офис руководителя (генерального директора ЗАО)
(наименование структурного подразделения предприятия)
на должность секретаря руководителя (генерального директора ЗАО)
(полное наименование профессии, должности)
квалификации специалист
(разряд, квалификационная категория)

3. Договор является: договором по основной работе, договором по совместительству
(нужное подчеркнуть)

4. Вид договора: на неопределенный срок (бессрочный)
на определенный срок _____
(указать конкретную причину заключения срочного договора)
на время выполнения определенной работы _____
(указать, какой именно)

5. Срок действия договора:
Начало работы 1 октября 2003 г.
(число, месяц прописью, год)
Окончание работы нет
(указать "нет" или число, месяц прописью, год)

6. Срок испытания: один месяц
(указать "нет" или продолжительность испытательного срока)

7. Работник должен выполнять следующие обязанности:
Общие обязанности работника ЗАО "МИКС", предусмотренные коллективным трудовым договором от 07.01.2003 № 1, трудовые обязанности, предусмотренные должностной инструкцией секретаря руководителя от 12.01.2002 № 71, а также обязанности по

неразглашению конфиденциальной информации по "Обязательству работника предприятия о неразглашении конфиденциальной информации" № 97.

(указать конкретно или ссылку на соответствующие документы)

8. Предприятие обязано организовать работу секретаря в соответствии с нормами и правилами трудового законодательства РФ, создать условия для его безопасного и эффективного труда, своевременно выплачивать обусловленную договором заработную плату — расчетным днем считать 15 рабочий день каждого отработанного работником месяца.

9. Обязанность работодателя по обеспечению условий работы на рабочем месте с указанием достоверных характеристик, компенсаций и льгот работнику за тяжелые, особо тяжелые работы и работы с вредными, особо вредными или опасными условиями труда _____ нет _____ .

(указать "нет" или ссылку на соответствующие нормативно-правовые акты)

10. Гарантии согласно Указу Президента РФ от 21.04.93 № 471 "О дополнительных мерах по защите трудовых прав граждан РФ" распространяются на работника в полном объеме._____

(указать "нет" или в каком объеме распространяются гарантии)

11. Особенности режима рабочего дня:
— неполный рабочий день _____
— неполная рабочая неделя _____
— почасовая работа _____

(указать конкретно)

12. Работнику устанавливается:
— должностной оклад (тарифная ставка) 3200 (три тысячи двести)_____ руб. в месяц или _____ руб. за 1 час работы;

(указать конкретно, цифрами и прописью)

— надбавка (доплата) 12,5 процента за ненормированный рабочий день

(в % к ставке, окладу, вид доплат, надбавок)

— другие выплаты 100 процентов денежной субсидии к ежегодному отпуску

(в % к ставке, окладу, вид доплат, надбавок)

13. Работнику устанавливается ежегодный отпуск продолжительностью:
— основной 28 календарных дней,
— дополнительный 14 календарных дней (в период рождественских и новогодних праздников, а также майских праздников согласно календарю).

14. Другие условия договора, связанные со спецификой труда:
Работник сопровождает руководителя в служебных командировках, предусмотренных графиком командировок и графиком очередности сопровождающих.

(указать, какие именно)

15. Адреса сторон и подписи:

ПРЕДПРИЯТИЕ	РАБОТНИК
(работодатель)	
Генеральный директор	Юровская Лилия Константиновна
	(Ф. И. О)
ЗАО "МИКС"	
Ваулина Мария Карповна	
(Ф. И. О., должность)	(дата, подпись, расшифровка)
Адрес: Ул. Почтовая, 2, г. Санкт-Петербург, 190000	Адрес: Чкаловский пр., д. 15, кв. 11, г. Санкт-Петербург, 197042

Слова и выражения
生词及短语

- именуемый в дальнейшем 以下简称
- заключить настоящий договор о нижеследующем 签订本合同如下
- офис 办公室
- договор по основной работе 固定工作合同
- договор по совместительству 兼职工作合同
- неопределенный срок (бессрочный) 无固定期
- срок действия договора 合同有效期
- срок испытания 试用期
- обязанность 职责
- должностная инструкция 职责守则
- неразглашение конфиденциальной информации 不泄露机密信息
- своевременно выплачивать обусловленную договором заработную плату — расчетным днем считать 15 рабочий день каждого отработанного работником месяца 按时支付合同规定的工资,结算日为工作人员每个工作月份的第15个工作日
- компенсация 补偿
- льгота 优惠
- режим рабочего дня 工作制
- почасовая работа 计时工作

- должностной оклад 职务工资
- тарифная ставка 工资率
- надбавка（доплата）津贴，补贴
- ненормированный рабочий день 无定额工作日
- денежная субсидия 货币补助

Упражнения
练　习

1. Переведите следующие деловые бумаги на китайский язык.

1)

> Круглый стол "Освоение русского рынка немецкими фирмами"
>
> 23 апреля 2008 года на факультете глобальных процессов МГУ пройдет Круглый стол "Освоение русского рынка немецкими фирмами". Цель круглого стола — ознакомление студентов МГУ и МГИМО (У) с деловыми и экономическими отношениями России и Германии, знакомство с деятельностью немецких фирм в России.
>
> В круглом столе примут участие: представители немецких компаний, клуба германских исследований, Немецкого землячества МГИМО(У), Студенческого Союза МГУ, Студенческого Союза МГИМО(У). Приглашаются все желающие!
>
> Место проведения круглого стола — ауд. 1157 I корпуса гуманитарных факультетов МГУ. Начало круглого стола — 16.00. Дополнительная информация по телефону: (495) 939 5096.

2)

> ЗАО «Азот»
> ПРИКАЗ
>
> 17.08.2008 № 121-К
> г. Новосибирск
>
> О временном замещении
> руководителя объединения

ПРИКАЗЫВАЮ:

На период моей служебной командировки временное исполнение обязанностей генерального директора объединения с 20.08.2008 по 07.09.2008 возложить на главного инженера предприятия Воробьева В. С.

Генеральный директор   Подпись   А. А. Зуев

3)

Доверенность

Я, Сватовская Елена Николаевна, студентка третьего курса филологического факультета Московского государственного педагогического университета, доверяю моей матери, Сватовской Марине Викторовне, проживающей по адресу: ул. Садовая, д. 13, кв. 8, г. Москва, паспорт серия _____ № _____, выдан _____, получить причитающуюся мне стипендию за март 2008 года.

Сватовская (подпись)

25.03.2008

Подпись Сватовской Е. Н. удостоверяется.
Заведующий канцелярией   Подпись   И. О. Фамилия
Дата
Печать

2. Заполните следующие бланки:

1)

_____
(Наименование предприятия)

ПРОТОКОЛ

"__" _____ 200_ г.
No. _____
_____
    Председатель - _____
    Секретарь   - _____

```
Присутствовали: _____
                    (должности, фамилии, инициалы)
Приглашенные: _____
                    (должности, фамилии, инициалы)
ПОВЕСТКА ДНЯ:
1. _____
2. _____
СЛУШАЛИ:
_____ - _____
(Ф. И. О., должность)      (содержание доклада)
_____

ВЫСТУПИЛИ:
_____ - _____
(Ф. И. О., должность)   (содержание выступления)
_____

_____ - _____
(Ф. И. О., должность)   (содержание выступления)
_____

ПОСТАНОВИЛИ:
1.1. _____
1.2. _____


Председатель        _____
                         (Подпись)
Секретарь           _____
                         (Подпись)
    В дело No. _____
    "__" _____ 200_ г. _____
                       (Подпись исполнителя)
```

2) Заявление о предоставлении стипендии для стажировки

Фамилия		Имя	
Пол		Гражданство	
Дата и место рождения			
Семейное положение			
Женат	Замужем	Один	Одна
Постоянный адрес в Китае			

Образование			
Высшее фундаментальное		Высшее	
Магистратура		Докторантура	
Наименование оконченного вами вуза и специальности			
Ваше учёное звание			
Форма и срок подготовки в России			
Стажировка	6 месяцев	1 год	
Магистратура	2 года	3 года	
Аспирантура	3 года	4 года	

По какой специальности и над какой темой вы будете работать
В какой вуз предполагаете поступить
Предполагаемая дата прибытия
Профессиональная биография (включая список опубликованных научных работ)
Конкретный план стажировки (подчеркнуть основные проблемы, которые желаете изучать)
Рекомендация специалиста Учёное звание Подпись

Дата заполнения анкеты	Подпись начальника и печать учреждения
Подпись заполняющего лица	

Приложение:

1. Копия документа о высшем образовании и перевод на русский язык
2. Выписка из зачётной ведомости для аспирантов
3. Копия документа об учёном звании и перевод на русский язык

Утверждение Государственного фонда на международный обмен учащимися

3)

РАСПИСКА

_____
(место и дата выдачи расписки)

Я, _____, паспорт: серия _____,
   (фамилия, имя, отчество)

No. _____, выданный _____,
проживающ__ по адресу: _____,
в соответствии с договором займа от "____" _____ 20__ года, получил __
от _____, паспорт серия _____,
   (фамилия, имя, отчество)

No. _____, выданный _____,
проживающ__ по адресу: _____,
в долг сумму в размере _____ (_____)
                                     (сумма прописью)
рублей, и обязуюсь возвратить ее в срок, указанный в договоре.

"__" _____ 20 __ г.   _____
                                                                 (подпись)

"__" _____ 20 __ г. настоящая расписка удостоверена мной,
_____, нотариусом г. _____,
_____
(наименование нотариальной конторы, No. , дата выдачи лицензии)
Расписка подписана гр. _____ в моем присутствии.
Личность его удостоверена, дееспособность проверена.

Зарегистрировано в реестре за No. _____
Взыскано по тарифу: _____ руб.
М. П.   Нотариус: _____ (подпись)

3. **По изученным образцам** напишите заявление на имя директора **ЗАО** Мотор с просьбой зачислить вас на должность экономиста цеха № 3. Ваши данные: в 2001 году вы окончили Санкт-Петербургский государственный университет экономики и финансов. До декабря 2005 года вы работали старшим экономистом в Научно-исследовательском

институте легкой промышленности.

4. Напишите доверенность на имя вашего соседа, которому вы поручаете купить в комиссионном магазине по продаже автомобилей в г. Москве автомашину любой марки, перегнать ее в г. Тулу, поставить указанную автомашину на учет в ГАИ （Государственная автомобильная инспекция） на ваше имя.

5. Напишите приказ генерального директора закрытого акционерного общества Д и О о приеме вас на работу бухгалтером.

6. Составьте характеристику-рекомендацию на работника вашего предприятия для его поступления в аспирантуру Новосибирской академии экономики и управления.

7. Напишите характеристику на студента Московского государственного университета Петрова Петра Петровича, который проходил практику в вашей компании.

8. Напишите автобиографию, необходимую для оформления документов при поступлении на работу.

9. Составьте докладную записку о причинах несвоевременного представления информации о выполнении приказа директора. Остальные реквизиты укажите самостоятельно.

10. Напишите объявления：

1） о групповом собрании в учебном корпусе № 3； 2） об экскурсии в Храм неба； 3） о получении билетов на новогодний вечер в актовом зале. Определите даты, время, место проводимых мероприятий, ответственных за их проведение.

11. Напишите справку от имени декана факультета о том, что вы в настоящее время учитесь на 4-ом курсе данного факультета.

Глава III Деловое письмо
第三章 公务信函

1. Структура делового письма
公务信函的格式

Деловое (служебное) письмо представляет собой официальную корреспонденцию между учреждениями, предприятиями и организациями и применяется для решения многочисленных оперативных вопросов, возникающих в управленческой и коммерческой деятельности. Структура и расположение реквизитов делового письма должны соответствовать требованиям ГОСТ Р 6.30—2003.

公务信函通常是指机关、企业、组织之间为解决行政管理和商务活动中产生的各种问题而撰写的正式来往书信。俄罗斯公务信函的结构和要项分布要遵守全俄国家标准(ГОСТ Р 6.30—2003)的规定。

> корреспонденция〈集〉信件，通信
> оперативный 业务（上）的
> эмблема 标志，象征

Постоянными реквизитами делового письма являются:
公务信函的常见要项有：

1) Государственный герб Российской Федерации или герб субъекта Федерации (для государственных предприятий);
   俄罗斯联邦的国徽或者联邦主体的徽章(对国营企业而言)；

2) эмблема организации (если не государственное предприятие);
   机构标志(如果是非国营企业)；

3) код предприятия;
   企业代码；

4) код документа;
   文件代码；

5) наименование организации (полное и сокращенное);
   机构名称(全称和简称)；

6) справочные данные об организации;
   机构联系方式；
7) дата;
   发函日期；
8) регистрационный номер исходящего документа;
   发函号；
9) ссылка на индекс и дату входящего документа;
   来函号和日期；
10) адресат;
    收函人；
11) заголовок к тексту;
    事由（标题）；
12) текст;
    正文；
13) отметка о наличии приложения;
    有关附件的说明；
14) подпись;
    签字；
15) фамилия (или фамилия, имя, отчество) и телефон исполнителя;
    经办人姓名和电话；
16) идентификатор электронной копии документа.
    文件电子副本标识符。

идентификатор （信息）标识符
товарный знак 商标
проставлять 添上，写上，注明
ОКПО (Общероссийский классификатор предприятий и организаций) 全俄企业和机构的分类目录
ОКУД (Общероссийский классификатор управленческой документации) 全俄行政管理文件分类目录
произвольно 任意地，随意地

Пояснения:
说明：

1) **Государственный герб Российской Федерации или герб субъекта Российской Федерации.**
第 1 项：俄罗斯联邦的国徽或者其联邦主体的徽章。

2) **Эмблема организации или** товарный знак.
第 2 项：机构标志或商标。

3) **Код предприятия** проставляют по Общероссийскому классификатору предприятий и организаций (ОКПО).
第 3 项：机构代码按照全俄企业和机构的分类目录标注，如：ОКПО 0332—4418。

4) **Код формы документа** проставляют по Общероссийскому классификатору управленческой документации (ОКУД).
第 4 项：文件代码按照全俄行政管理文件分类目录标注，如：ОКУД 02530110。

5) **Наименование организации** — адресанта документа дается в полном и сокращенном виде. Например: Всероссийский научно-исследовательский институт документоведения и архивного дела — ВНИИДАД. Следует помнить, что сокращать названия организаций произвольно нельзя. Сокращенные наименования организаций образуются тремя способами:

По первым буквам слов, входящих в наименования. Например: МВД (Министерство внутренних дел). По начальным слогам букв, входящих в наименования. Например: Уралмаш (Уральский машиностроительный завод). Смешанным способом, когда сложносокращенные наименования образуются частично из начальных

слог 音节
усеченный 截断的，缩短的
строчной 小写的，普通的(指字母)
счет 账户，账目
поисковый 检索，寻找
усмотрение 斟酌(办理)
номенклатура 目录，名称表

букв, частично из усеченных слов и пишутся в первой части прописными буквами, во второй — строчными. Например: ВНИИБиотехника (Всероссийский научно-исследовательский биотехнический институт).

第5项：机构名称可以用全称和简称两种形式，如：Всероссийский научно-исследовательский институт документоведения и архивлого дела（全称：全俄文献学和档案事务研究所）—ВНИИДАД（简称），但是不能任意缩写机构的全称。对机构名称进行缩写一般有以下三种途径：按照名称的首字母，如：МВД（Министерство внутренних дел）内务部；按照机构名称的首音节，如：Уралмаш（Уральский завод тяжелого машиностроения）乌拉尔重型机器制造厂；采用混合手段，如：ВНИИБиотехника（Всероссийский научно-исследовательский биотехнический институт）全俄生物技术研究所。

6) **Справочные данные об организации** включают в себя: почтовый адрес, номер телефона, номер факса, счетов в банке, адрес электронной почты и др.

第6项：机构联系方式一般包括通讯地址、电话号码、传真号码、银行账号及电子邮箱等。

7) Обязательным реквизитом письма является **дата**, которая проставляется в левом верхнем углу. Датой письма считается дата его подписания. Она служит поисковым признаком и используется при ссылке на письмо. Дату документа оформляют арабскими цифрами в последовательности: число, месяц, год. Число и месяц оформляют двумя парами арабских цифр, разделенными точкой; год — четырьмя арабскими цифрами. Например, дату 25 октября 2008 года следует записать так: 25.10.2008 (допускается и иная запись: 25.10.08). Если число или месяц обозначаются одной цифрой, то перед ней ставится ноль. Например, дату 2 января 2008 года записывают следующим образом: 02.01.2008. Допускается словесно-цифровой способ оформления даты, например, 15 февраля 2009 г.

第7项：发函日期一般认为是其签署的日期，常位于左上角，是对信函进行查找和援引的重要标志。发函日期常用阿拉伯数字按照日、月、年的顺序写出，日期和月份用两位数表示，年份用四位数表示，同时日和月以及月和年的数字之间要用句点隔开，如：25.10.2008（也可以表示为：25.10.08）。如果日期和月份是一位数，需要在其前面加上0，如：02.01.2008。也允许用词加数字的形式（如：15 февраля 2009 г.）。

8) **Регистрационный номер** исходящего письма состоит из его порядкового номера, который можно дополнять по усмотрению организации индексом дела по номенклатуре дел, информацией об исполнителях и др. Если регистрационный номер письма 01—13/142, то: 01 — индекс структурного подразделения; 13 — порядковый номер дела по номенклатуре

дел структурного подразделения; 142 — порядковый номер письма.

第 8 项：**发函号**通常由其顺序号组成，也可以加上卷宗目录案卷代码以及经办人信息等。比如在发函号 01—13/142 中，01 是指职能部门代码，13 是指职能部门卷宗目录案卷顺序号，142 是指信函顺序号。

9) **Ссылка на номер и дату входящего документа** включает регистрационный номер и дату письма, на которое дается ответ, и располагается ниже индекса и даты исходящего документа.

第 9 项：**来函号和日期**包括本函所要答复的函件的函号和日期，通常打在发函号和日期的下面。如：14.05.2008 № 02—551/9　　（发函号和日期）
　　　　　　на № 01—75 от 27.01.2008　　（来函号和日期）

10) В качестве **адресата** могут быть организации, их структурные подразделения, должностные или физические лица, которые указываются на верхней правой стороне бланка письма. Наименование организации и ее структурного подразделения указывают в именительном падеже, должностное лицо, которому адресован документ, указывают в дательном падеже. При адресовании письма в организацию, указываются ее наименование, затем почтовый адрес.

第 10 项：**收函人**可以是机构、其职能部门、主管人员或者自然人。收函人的地址和名称通常在信函的右上角标明。如果收函人是机构、职能部门，用第一格形式，如：Минтруд России（俄罗斯劳动部）；ЗАО «Рубин»（"红宝石"封闭型股份公司）；如果收函人是某机构、职能部门的主管人员，则机构或职能部门的名称用第一格形式，主管人员的职务和姓名用第三格形式，如：ОАО «Гранит» А. Н. Смирнову（"花岗岩"开放型股份公司阿·恩·斯米尔诺夫）或者是：Президенту ЗАО «Ломоносовский фарфоровый завод» В. И. Петрову（封闭型股份公司"罗蒙诺索夫瓷器厂"总裁 弗·伊·彼得洛夫）。在收函人这一项也可以包括通讯地址，如果收函人是机构，则先写明机构名称，再写通讯地址，如：Акционерное общество «Кристалл», Скатертный пер., д. 22, Москва, 103030；如果收函人是个人，则先写姓名（名和父称用首字母），再写通讯地址，如：П. И. Григорьеву, ул. Кирова, д. 76, кв. 12, г. Новосибирск, 630102。

11) **Заголовок к тексту** должен отражать основной вопрос, затронутый в письме, и быть кратким и емким, сформулированным в одной фразе. Заголовок помещается перед текстом письма. Содержание письма выражается в нем формой предложного падежа с предлогом «о» («об»).

第 11 项：**事由(标题)**反映的是信函中所涉及的主要问题，应言简意赅，用一句话概括。事由通常位于信函正文之前。信函事由通常用"前置词 о＋第六格"，"по вопросу＋前置词 о＋第六格"等形式表示。如：Об организации экспортной торговли（关于组织出口贸易事宜）；По вопросу о закупке кирпичного завода（关于收购砖厂事宜）。

12) **Текст письма** должен включать три структурных элемента: вводную часть, излагающую повод для написания письма; доказательную часть, приводящую доводы, ссылки на нормативные документы; заключительную часть, в которой излагается просьба, согласие, отказ и пр. Возможен обратный порядок построения письма: заключительная

часть приводится перед доказательной.

第 12 项：从逻辑结构上讲，**正文**包括引言（вводная часть）、论据（доказательная часть）和结论（заключительная часть）三部分。引言部分要把事情的起因交代清楚；论据部分陈述论据，援引法规文件；结论部分说明发函人的态度和目的，提出请求、建议或表示拒绝等。在公务信函中也常见倒叙法，即先写结论，再进行论述。需要指出的是，公务信函的正文不是必须具备上述三个部分，亦可只有一个或两个部分。

正文以称呼（обращение）开头。称呼位于标题下面，横向左侧或者居中，大写字母开头，另起一行。称呼语之后可以用逗号或者叹号。最常见的称呼形式有：Уважаемый(-ая) + господин (госпожа) + фамилия！(,)，如：Уважаемый господин Васильев！(,)（尊敬的瓦西里耶夫先生！）；Уважаемые + коллеги（при обращении к группе лиц, связанных общим родом деятельности！(,)（尊敬的同行！））；Уважаемый + имя-отчество！(,)（в письмах-приглашениях, в обращении к известным лицам），如：Уважаемый Сергей Иванович！(,)（尊敬的谢尔盖·伊万诺维奇！）等。需要注意的是，选择用姓氏来称呼，可以赋予信函以正式的公文特征，且有距离感；而选择用名+父称来称呼，可以增加亲近感，强调双方的业务关系已经非常熟悉协调。称呼语之后可以用逗号或者叹号，用叹号可以强调信函内容的重要性。如果称呼语后面用逗号，正文通常用大写字母开始，有时也可以用小写字母开始；如果称呼语是叹号，则正文必须以大写字母开始。如果收信人是非常重要的人士（如政府官员、省长、市长、学术界、艺术界的知名人士等），称呼语则最好用 Глубокоуважаемый...，或 Многоуважаемый...，如：Глубокоуважаемый Николай Васильевич！（最尊敬的尼古拉·瓦西里耶维奇！）

在公务信函中指称自己和指称对方，一般使用代词 «мы»，«Вы»。在正文中指称对方的复数第二人称代词 Вы，Вас，Вам，Ваш 等均用大写字母开头，而指称自己的复数第一人称代词 мы，нас，нам，наш（除在句首外）等均用小写字母开始。

正文结尾是表示敬意的套语——敬辞（заключительная формула вежливости），位于正文最后，另起一行。敬辞以大写字母开头，最后可以用逗号或者不用标点符号。例如：С уважением（,）«（此致 敬礼）或者用» Ваш...（,）«（您的……）»，«Искренне Ваш...（,）»（忠实于您的……）。公务信函的往来总是与未来的合作、建立业务联系等紧密相连的，因此在结尾处经常需要表达对未来合作与往来的希望、赞许、祝愿和感谢等信息。如：С наилучшими пожеланиями（致以最好的祝愿……）；С наилучшими пожеланиями и надеждой на сотрудничество...（致以最好的祝愿并希望合作……）；Всегда рады оказать Вам услугу...（总是高兴为您（贵方）效劳……）；Надеюсь на дальнейшие добрые и взаимовыгодные отношения...（希望能继续发展友好、互利的关系）；Заранее благодарим...（提前致谢）；С интересом ждем от Вас новых предложений...（期待着您（贵方）的新建议）；Мы уверены, что недоразумение будет улажено в ближайшее время...（我们确信，误会在近期将会消除）；Мы надеемся, что Вы оцените преимущество нашего проекта и примете участие в...（我们希望，您（贵方）能重视我方项目的优越性并参与……）等等。

13）**Отметка о наличии приложения** делается, если к письму приложены какие-либо документы. В левом нижнем углу письма сразу от поля ставится слово «Приложение», затем помещаются названия прилагаемых документов в цифровой последовательности с указанием количества листов и экземпляров. Каждое название располагается на отдельной строке. Например:

Приложение: Копия контракта с фирмой «Герой»
            на 4 л. в 2 экз.

Указание на наличие приложения, упоминаемого в тексте письма, может быть сделано в таком виде:

Приложение: на _____ л. в _____ экз.

В сброшюрованном приложении количество листов не указывается. Например:

Приложение: Информационный материал о международной выставке «Китай-2009» в 2 экз.

第13项：如果随信函附加了某些文件,需要做出**有关附件的说明**。在信函左下方注明Приложение,以大写字母开始,另起一行,然后写明所附文件的名称,并用数字形式指出页数和份数。每个附件名称要单独一行注明。如：

Приложение: Копия контракта с фирмой «Герой»
            на 4 л. в 2 экз.

附件：与英雄公司的合同副本共4页,2份。

如果附件在函件中已提到,并且只有一个,则不必在附件中说明附件名称,而可写作：

Приложение: на _____ л. в _____ экз. （附件：如文 _____ 页,共 _____ 份）。

如果附件是小册子,则不必注明页数。如：Приложение: Информационный материал о международной выставке «Китай-2009» в 2 экз.. （附件：关于"Китай-2009"国际展会的资料,共2份。）。

14) **Реквизит «подпись»** помещается слева под текстом письма сразу от поля. В состав подписи входят наименование должности лица, подписывающего письмо, личная подпись и ее расшифровка. Поскольку деловые письма пишутся на бланках учреждений, название учреждения в подписи не указывается. Например:

Директор школы   Подпись   К. К. Сидоров

Две подписи ставятся в том случае, когда необходимо подтвердить действительность первой подписи, а также в особо ответственных документах, например, в письмах по финансово-кредитным вопросам, направляемым финансово-банковским учреждениям. В таких письмах всегда ставится подпись главного (старшего) бухгалтера предприятия.

При подписании письма несколькими должностными лицами их подписи располагают одну под другой в последовательности, соответствующей занимаемой должности:

сброшюрованный 被装订成册的
действительность 效力,功效

Директор института	Подпись	А. С. Марченко
Главный бухгалтер	Подпись	Ю. П. Волков

При подписании письма несколькими лицами, занимающими одинаковые должности, их подписи располагаются на одном уровне:

Директор ОАО «А»	Директор ЗАО «Б»
Подпись И. В. Петров	Подпись Г. А. Фомин

第14项：签字位于正文的左下方，包括签字人职务、亲笔签字和其签字的解读形式。由于公务信函通常是打印在印有机构标志的纸张上，因此在签字中可以不包括机构名称。如：
Директор школы（校长）   Подпись（亲笔签字）   К. К. Сидоров（克·克·西多罗夫（姓、名和父称的解读形式））。

如果需要对信函第一个签字的效力进行确认，或者在特别重要的信函中，有必要提供两个签字。例如涉及财务信贷等问题的非常重要的信函中要有机构负责人和总会计师两人的签字，并按照职务的顺序先后排列，如：

Директор института（校长）	Подпись（亲笔签字）	А. С. Марченко（阿·斯·马尔琴科）
Главный бухгалтер（总会计师）	Подпись（亲笔签字）	Ю. П. Волков（尤·普·沃尔科夫）

如果签字人职位相当，则其签字平行列出，如：

Директор ОАО «А»（经理）	Директор ЗАО «Б»（经理）
Подпись И. В. Петров（亲笔签字）	Подпись Г. А. Фомин（亲笔签字）

15) **Отметка об исполнителе** (составителе письма) включает фамилию исполнителя, полностью имя и отчество (или инициалы), номер его служебного телефона. Отметку об исполнителе располагают на лицевой или оборотной стороне последнего листа письма в левом нижнем углу.

第15项：经办人情况包括经办人姓名及父称（全称或首字母）和办公电话。此项列于信函最后一页正面或反面的左下角，如：

В. А. Жуков
924 12 36

16) **Идентификатором электронной копии делового письма** является отметка, проставляемая в левом нижнем углу каждой страницы письма и содержащая наименование файла на машинном <u>носителе</u>, дату и другие поисковые данные, устанавливаемые в организации.

第16项：公函电子副本标识通常写在每一页左下角，包含文件名、日期以及机构确定的其他搜寻信息。如：C:\Докум\ Приказ 6.doc。

> носитель（信息）载体，存储器

Макет делового письма:
公务信函模板((1)、(2)等数字表示信函组成部分的要项)：

---

　　　　　　　　(1) Герб

(или (2) эмблема, товарный знак)

(5) **НАИМЕНОВАНИЕ ОРГАНИЗАЦИИ**

(6) справочные данные об организации　　　　(10) Адресат: Наименование
　　　　почтовый адрес,　　　　　　　　　　　　должности
　　индекс предприятия связи　　　　　　　И. О. Фамилия (все в дательном
　　(3) ОКПО, (4) ОКУД　　　　　　　　　　　　　　падеже)
　　　　　　　　　　　　　　　　　　　　　　Название ул., дом №,
　　　　　　　　　　　　　　　　　　　　　　г. ____, почтовый индекс

(7) 00.00.0000 № (8) 00/00—000

на (9) № 00 от 00.00.0000　　　　　　　　　табулятор 制表机；(打字机
　　　　　　　　　　　　　　　　　　　　　　　的)列表键
　　　　　　　　　　　　　　　　　　　　　формуляр 专用表格

(11) Заголовок к тексту (отвечает
на вопрос «о чем?», начинается
с предлога «о»)

(12) Если текст письма состоит из двух и более абзацев, то текст печатается от 1-го положения табулятора — пять знаков от левого поля. Текст без абзацев может печататься непосредственно от левого поля формуляра.

Текст письма должен включать три структурных элемента: вводную часть, излагающую повод для написания письма; доказательную часть, приводящую доводы, ссылки на нормативные документы; заключительную часть, в которой излагается просьба, согласие, отказ и пр.

Возможен обратный порядок построения письма: заключительная часть приводится перед доказательной. Этот порядок характерен для писем вышестоящих организаций.

(13) Приложение: на...л., в...экз.

(14) Подпись:

Наименование должности　　　　(Подпись)　　　И. О. Фамилия

(15) Исполнитель (инициалы, фамилия)
　　　Телефон

(16) Идентификатор электронной копии документа

2. Классификация деловых писем
公务信函的分类

Ввиду массовости использования и широкого разнообразия деловых писем четкой классификации их нет. Классифицировать деловые письма можно по разным признакам. По функциональному признаку деловые письма делятся на инициативные и ответные. Обязательного ответа требуют письмо-просьба, запрос, письмо-предложение, письмо-рекламация и др. Письма-подтверждения, письма-извещения констатируют свершившийся факт и поэтому не требуют ответа. По признаку адресата деловые письма делятся на обычные и циркулярные. Циркулярное письмо направляется из одного источника в несколько адресов. По структурным признакам деловые письма делятся на регламентированные (стандартные) и нерегламентированные. Регламентированное письмо решает типичные вопросы регулярных экономико-правовых ситуаций и реализуется в виде стандартных синтаксических конструкций. Нерегламентированное деловое письмо представляет собой авторский текст, реализующийся в виде более свободного повествования. По композиционным особенностям деловые письма делятся на одноаспектные и многоаспектные. Одноаспектное письмо рассматривает одну проблему, а многоаспектное — несколько. Многоаспектным считается письмо, содержащее однотипные и разнотипные аспекты — просьбы, сообщения, предложения.

由于公务信函使用广泛，涉及的问题多种多样，目前尚没有一个统一明确的分类标准。公务信函可以按照不同的特征进行分类。按照功能特征（по функциональному признаку），公务信函可以分为发函（инициативное письмо）和回复函（ответное письмо или письмо-ответ）。有些函件是必须回复的，比如请求函、询问函（询价函）、报价函及索赔函等；有些函件则可以不回复，比如确认函、通知函等。按照收函人的特征（по признаку адресата），公务信函可以分为普通函（обычное письмо）和通报函（циркулярное письмо），通报函是指由一个发件人发给若干个不同的收函人。按照结构特征（по структурным признакам），公务信函可以分为标准信函（регламентированное или стандартное письмо）和非标准信函（нерегламентированное письмо）。标准信函中涉及的是常规的经济、法律方面的典型问题，并且是采用标准的句法结构来撰写的。非标准信函则带有作者特点，叙述形式比较自由。按照内容构成特点（по композиционным особенностям），公务信函可以分为单项信函（одноаспектное письмо）和多项信函（многоаспектное письмо）。单项信函只讨论一个问题，而多项信函中则涉及几个问题。多项信函可以包括同类型以及不同类型的事项，比如请求、通知及建议等。

массовость 群众性，大众性
свершившийся 已实现的
циркулярный 通报的，通令的
регламентировать 定出规则，严格规定
регулярный 正规的，常规的，有规律的
однотипный 同一类型的

В данной главе приводится прежде всего краткая характеристика наиболее встречающихся на практике разновидностей писем, классифицированных по функциональному признаку.

在本章中我们采用功能特征的分类方法,对最常见的公函加以介绍。按照内容和用途,公函可分为请求函（письмо-просьба）、通知函（письмо-сообщение）、邀请函（письмо-приглашение）、感谢函（письмо-благодарность）、确认函（письмо-подтверждение）、送件函（сопроводительное письмо）、询问函（письмо-запрос）、回复函（письмо-ответ）、保证函（гарантийное письмо）和索赔函（рекламация）等。

1) Письмо-просьба
请求函

Письмо-просьба — это, пожалуй, наиболее распространенная форма деловой переписки. Количество ситуаций, вызывающих необходимость обращения с просьбой от имени юридического либо физического лица, не поддается учету. Это получение информации, образцов продукции, согласование действий, побуждение к какому-либо действию и пр. Как правило, текст письма-просьбы состоит из двух частей: вводной части и собственно просьбы.

请求函是公函往来中最常见的一种类型。以法人或自然人名义发出请求的情境不胜枚举,如请求获取信息、产品样品、协调行动或采取某种行动等。请求函通常由引言（вводная часть）和请求（собственно просьба）两部分构成。

> не поддаваться учету 无法统计,无法计算
> побудительный мотив 动因,动机

В вводной части в повествовательной форме излагается существо дела, объясняются побудительные мотивы, причины обращения с просьбой. Здесь часто используются следующие стандартные выражения:

在引言部分通常陈述事实,解释寄发请求函的动机和原因。这部分常用的句型有:

Причина обращения（阐述原因）:

　　В связи с неполучением...;
　　鉴于未收到……

　　Учитывая социальную значимость...;
　　考虑到……的社会重要性

　　Принимая во внимание (наше многолетнее сотрудничество)...;
　　考虑到（我们多年的合作）……

　　Учитывая (долговременный и плодотворный характер наших деловых связей)...;
　　考虑到（我们长期且卓有成效的业务联系）……

　　Ввиду несоответствия Ваших действий ранее принятым договоренностям...;
　　由于贵方的行为与先前达成的协议不符……

　　Исходя из результатов переговоров по вопросу о... и т. п.
　　基于某问题的谈判结果……等等

Цель обращения（阐述目的）：

　　В целях выполнения распоряжения...;
　　为了执行……命令

　　В целях скорейшего решения вопроса...;
　　为了尽快地解决……问题

　　В целях обеспечения безопасности прохождения груза...;
　　为了保证……货物的过境安全

　　Во избежание конфликтных ситуаций... и т. п.
　　为避免发生……冲突等等

Ссылки на основание для обращения（阐述依据）：

　　В соответствии с достигнутой ранее договоренностью...;
　　按照先前达成的……协议

　　На основании устной договоренности...;
　　根据……口头协议

　　На основании нашего телефонного разговора...;
　　根据我们的……电话洽谈

　　Согласно постановлению правительства...;
　　根据……政府命令

　　Согласно протоколу о взаимных поставках... и т. п.
　　根据……相互供货议定书等等

> ключевой 关键的
> этикетный 合乎礼节的
> охотнее 更情愿(地)，更乐意(地)
> нежели 比，较之

В части «собственно просьба» в ключевую фразу письма входят слова, образованные от глагола просить. Его использование объясняется этикетными требованиями к деловым текстам и психологическими законами делового общения — человек охотнее соглашается выполнить действие, выраженное в форме просьбы, нежели в форме требования. Просьба может излагаться от первого лица единственного числа ("Прошу..."), от первого лица множественного числа ("Просим..."), от третьего лица единственного числа (в этом случае употребляются существительные с собирательным значением: "Дирекция просит...", "Администрация просит...", "Совет трудового коллектива просит..." и т. п.), от третьего лица множественного числа, если употребляется несколько существительных с собирательным значением (Администрация и Совет трудового коллектива просят...). В ряде случаев сама просьба, высказанная описательно, может и не содержать этого глагола, например: Мы надеемся, что Вы сочтете возможным рассмотреть наше предложение в указанный срок.

　　在请求部分经常使用由просить构成的相关词汇，这一方面是因为公函的礼节要求，另一方面也是遵循商务交往的心理法则——人们更愿意完成"请求"，而不是"要求"。请求函中可以用单数第一人称形式(如："Прошу...")；复数第一人称形式("Просим...")；也可以是表示集体行为的单数第三人称形式(如："Дирекция просит...", "Администрация просит...", "Совет трудового коллектива просит..." 等等) 和复数第三人称形式（如：Администрация и Совет трудового коллектива просят...）。当然也不排除使用其他句式，如：Мы надеемся, что Вы сочтете возможным рассмотреть наше предложение в указанный срок.

这部分常用的句型有：

Обращаемся (обращаюсь) к Вам с просьбой... 请贵方……

　　...об отправке в наш адрес... 给我处发送……

　　...о направлении в мой адрес... 给我处寄送……

　　...о высылке в адрес нашей организации... 给我机构寄出……

　　...о предоставлении мне... 给我提供……

Просим (прошу) Вас... 请贵方……

　　...сообщить (нам)... 通知(我方)……

　　...выслать (мне)... 给(我)寄出……

　　...срочно представить... 紧急提交……

　　...немедленно доложить... 立即呈报……

　　...известить (руководство предприятия) о... 告知(企业领导)关于……

　　...проинформировать меня о... 告知我关于……

　　...принять меры... 采取措施……

Прошу Вашего согласия на... 请贵方同意……

　　...отправку в адрес... 给……发送

　　...предоставление нам... 给我方提供

　　...передачу... следующего оборудования... 转交给……下述设备

Просим Вашего содействия в... 请贵方协助……

　　...получении... 获取……

　　...скорейшей отправке... 尽快发送……

　　...предоставлении дополнительной информации относительно... 提供关于……的补充信息……

　　...проведении... 举办……

Прошу Ваших указаний... 请贵方指示……

　　...на заключение договора о... 签订关于……的合同

　　...на оформление документов о... 办理关于……的文件

　　...на пересмотр... 重审……

Просим Вас не отказать в любезности и... 请贵方协助并……

俄语应用文写作

例文：

> заместитель 副职，副手
> патронаж 保护

Главному инженеру —
заместителю директора
N-ского завода сельскохозяйственных машин
г-ну Васильеву И. И.

Уважаемый господин Васильев!

Руководство нашей компании проявило большой интерес к продукции Вашего предприятия, ознакомившись с ее образцами в ходе региональной выставки…（указать наименование）. Особое впечатление в представленной под Вашим патронажем экспозиции произвели…（указать наименование видов продукции）.

В связи с изложенным просим направить в наш адрес 4 экземпляра каталога указанной продукции. Желаемый срок получения каталогов — 23 сентября 2008 года.

С уважением,
Заместитель генерального директора по маркетингу
ОАО «ААА»　　　　　　Подпись　　　　　　А. А. Петров

例文参考译文：

致 N 农业机器厂总工程师兼副厂长伊·伊·瓦西里耶夫先生

尊敬的瓦西里耶夫先生：

我公司领导在地区展会（指明展会名称）期间了解到贵企业的产品样品，并对该产品产生了浓厚的兴趣。尤其是贵企业名下展出的……产品（指明产品种类）给我公司领导留下了极为深刻的印象。

鉴于此，请惠寄我处 4 份上述产品样本。希望能在 2008 年 9 月 23 日收到样本。

此致

敬礼

"AAA"开放型股份公司营销副总经理
阿·阿·彼得罗夫
（签字）

110

Образцы:

(1)

ЗАО «А»

Проспект Мира, 45

Москва, Россия, 129110

Тел. 280—16—32, факс 288—01—03

10.05.2007 №19

На №__ от ____

> проектно-сметный 规划、预算的

Генеральному директору

ЗАО «Б»

И. Б. Моисееву

Уважаемый Игорь Борисович!

  Просим Вас выслать проектно-сметную документацию по строительству базы отдыха «Звенигород».

С уважением,

Генеральный директор   Подпись   И. И. Наумов

Цветкова Зоя Васильевна

281—36—48

(2)

ОАО «А»

Ул. Пятницкая, 25,

Москва, Россия, 159120

Тел. 903—44—15, факс 903—55—51

10.05.2008 №36

На №_____ от _____

> АКБ (акционерный коммерческий банк) 股份商业银行
> филиал 分支机构

Президенту АКБ «Кредит»

г-ну Майскому Ф. Ф.

Ленинский проспект, 26,

Москва, 215014

Уважаемый господин Майский!

  В связи с открытием филиала АКБ «Кредит» при ОАО «А» прошу Вас предоставить сотрудникам фирмы возможность ознакомиться с материалами АКБ «Кредит» и сделать копии необходимых для работы документов.

Список лиц, посещающих АКБ «Кредит», прилагается.

Приложение: на 1 л.

С уважением,
Директор ОАО «А»　　　　Подпись　　　　　　　　И. И. Иванов

Антонова Лидия Ивановна
903—44—16

(3)

Закрытое акционерное общество «ТЕРМИКА»	Начальнику Управления по делам архивов Администрации Астраханской области В. А. Мыльникову

ул. Орджоникидзе, д. 11, Москва, 115419
Тел.: (495) 123—45—67
Факс: (495) 891—12—45
E-mail: info@hotmai.ru

23.08.2006　№　816
На № ____ от ____

О предоставлении документов

официальная база данных
官方数据库
ИССАО (Информационно-справочная система архивной отрасли)
档案部门信息查询系统
ИСАР (Информационная система архивистов России)
俄罗斯档案专家信息系统

　　　　　　　Уважаемый Василий Александрович!
　　Просим Вас оказать содействие в формировании Приложения к официальной базе данных Федерального архивного агентства «Информационно-справочной системе архивной отрасли» (ИССАО) — «Информационной системы архивистов России» (ИСАР) и направить в адрес компании «ТЕРМИКА» бумажные и, по возможности, электронные копии правовых документов:
　　— Закон Астраханской области от 22 ноября 2001 г. № 26 «Об охране и использовании памятников истории и культуры»;

— Закон Астраханской области от 27 апреля 2003 г. № 37 — 99 «О внесении изменений и дополнений в Закон Астраханской области Об охране и использовании памятников истории и культуры».

Будем признательны Вам за предоставление копий других правовых документов, действующих в Вашем регионе и посвященных архивному делу.

Генеральный директор   Подпись   А. Г. Цицин

Е. М. Каменева
956—21—01

2) Письмо-сообщение
通知函

Письмо-сообщение отправляется при необходимости сообщения о каких-либо событиях или фактах, представляющих взаимный интерес. Например, сообщение о прибытии делегации, назначении деловой встречи, посещении завода-поставщика, проведении переговоров, об отгрузке товаров и т. п. Письмо-сообщение может быть инициативным или является ответом на письмо-просьбу или письмо-запрос.

通知函是通报双方感兴趣的某些事件或事实的函件，如：通知代表团抵达、约定业务会面、参观供货工厂、举行谈判、发送货物等等。通知函可以是发函，也可以是对请求函或询价函的回复函。

завод-поставщик 供货工厂

通知函常用下列句型：
Сообщаем Вам, что...
兹通知贵方……
Сообщаем, что... (... к сожалению, не можем Вам выслать...; ... задержка в отгрузке произошла в связи с...)
兹通知,（很遗憾,我方不能给贵方寄出……;……延迟发货是由于……）
С радостью сообщаем (Вам) о...
我方高兴地函告（贵方）……

Доводим до Вашего сведения, что...
兹函告贵方……
Считаем необходимым поставить Вас в известность о...
我方认为有必要通知贵方……
Ставим Вас в известность, что... (... руководство завода приняло решение...; ... Ваше предложение принято...)
兹通知贵方，……（工厂领导已经决定……；……贵方建议已经被采纳……）

При ссылках:
Ссылаясь на телефонный разговор...
根据电话洽谈……
В ответ на Ваше письмо...
为回复贵方函件……

例文：

Герб РФ
Министерство образования
Российской Федерации
УЧЕБНО-МЕТОДИЧЕСКОЕ
ОБЪЕДИНЕНИЕ
по экономике и социологии труда
Стремянный пер., д. 36,
Москва, 113054
ОКПО 03944527

Члену совета УМО
по специальности 06.02.00
П. П. Петрову
ул. Садовая, 69,
г. Ростов-на-Дону, 344007

16.12.2002 № 99/97
на № _____ от _____

> УМО（Учебно-методическое объединение）教学法协会
> РЭА（Российская экономическая академия）俄罗斯经济学院

О выпуске учебных пособий

    Кафедра управления персоналом РЭА имени Г. В. Плеханова в соответствии с учебным планом специальности 06.02.00 «Экономика и социология труда» выпускает в свет в 2000 г. следующие работы:
    1. Одегов Ю. Г., Журавлев П. В. Управление персоналом.
    2. Руденко Г. Г., Кулапов М. Н., Карташов С. А. Рынок труда.

Эти работы рекомендованы Министерством общего и профессионального образования РФ в качестве учебников для студентов экономических специальностей.

По вопросам их приобретения обращаться по адресу: 113054, Москва, 54, Стремянный пер., д. 36, РЭА им. Г. В. Плеханова, кафедра «Управление персоналом».

Приложение: бланк заказа на двух стр. в 1 экз.

Председатель совета УМО
по специальности 06.02.00
зав. кафедрой управления
персоналом, д. э. н., профессор　　　　Подпись　　　　Ю. Г. Одегов

М. М. Иванова
232 64 15

В дело 01—2
11.01.2003

例文参考译文：

俄罗斯联邦国徽
俄罗斯联邦教育部
劳动经济学和社会学教学法协会
莫斯科，113054
斯特列米杨胡同36楼
机构代码　03944527

发函日期：2002年12月16日
发函号：№99/97
来函号：№＿＿＿＿
来函日期：＿＿＿＿

致教学法协会成员（专业代码：06.02.00）

普·普·彼得罗夫
地址：顿河畔罗斯托夫市，344007
花园街 69 号

事由：关于教材出版

  俄罗斯普列汉诺夫经济学院人员管理教研室根据《劳动经济学和社会学》专业（专业代码：06.02.00）的教学计划于 2000 年出版了以下著作：
1. 奥杰戈夫、茹拉夫廖夫：《人员管理》。
2. 鲁坚科、库拉波夫、卡尔塔绍夫：《劳动力市场》。

  这些著作由俄罗斯普通和职业教育部推荐作为经济学专业学生的教科书。
  有关书籍购买问题请联系：113054 莫斯科 54 邮局 斯特列米杨胡同 36 楼 俄罗斯普列汉诺夫经济学院人员管理教研室。

附件：空白订单共两页，一份。

教学法协会主席（专业代码：06.02.00）
人员管理教研室主任
经济学博士，教授   尤·格·奥杰戈夫 （签字）

经办人：姆·姆·伊万诺娃
电话：232 64 15

入 01—2 号卷宗
2003 年 1 月 11 日

Образцы：

（4）

ЗАО «А»
Проспект Мира，45，
Москва，Россия，129110
Тел. 280－16－32，факс 288－01－03   Директору ЗАО «В»
23.09.2006 №33   Б. П. Климову

На № 10—44—57 от 29.08.2006 Белозерская ул., 12,
  Москва, 127014

Уважаемый Борис Петрович!

На Ваш запрос сообщаем, что в начале ноября главный инженер ЗАО «А» Смердов А. Ф. будет присутствовать на отраслевом совещании. Г-н Смердов А. Ф. передаст Вам копию всей документации на совместное использование средств для строительства складского комплекса и даст консультацию по тем вопросам, которые могут у Вас возникнуть в процессе ознакомления с соответствующими документами.

Директор ЗАО «А»   Подпись   И. И. Наумов

Цветкова Зоя Васильевна
281—36—48

> отраслевой 部门的，专业的
> дать консультацию 提出意见，答疑

(5)

Закрытое акционерное общество   Органы управления архивным делом
    «ТЕРМИКА»   субъектов Российской Федерации

ул. Орджоникидзе, д. 11, Москва, 115419
Тел.: (495) 123—45—67
Факс: (495) 891—12—45
E-mail: info@hotmai.ru

27.02.2005 № 935
На № _____ от _____

О модернизации «Информационно-справочной системы архивной отрасли»

Сообщаем Вам, что во исполнение письма Федеральной архивной службы России от 24 декабря 2004 г. № 3-3047-А «О модернизации информационно-справочной системы архивной отрасли» (ИССАО), система разделена на две части: «Информационно-справочную систему архивной отрасли» — официальную базу Федеральной архивной службы России и Приложение «Информационную систему архивистов России» (ИСАР).

> модернизация 现代化

Новая модернизированная версия ИССАО вышла в свет 25 января 2005 г. и была представлена на расширенном заседании Коллегии Федеральной архивной службы России.

Генеральный директор   Подпись   А. Г. Цицин

Е. М. Каменева
956—21—01

версия（信息）版本	
расширенное заседание 扩大会议	
коллегия（某单位的）全体负责人员，委员会	

(6)

досрочный 规定日期以前的，提前的	
удовлетворить 使得到满足，使……满意	
запасные части 备件	

Директору ЗАО «ЖЖЖ»
И. О. Фамилия

Уважаемый（имя, отчество）!

Сообщаю, что Ваше гарантийное письмо нами получено и принято к сведению. Ваша просьба о досрочной отгрузке в адрес ЗАО «ЖЖЖ» может быть удовлетворена частично, поскольку в настоящее время наше предприятие не располагает достаточным количеством запасных частей к... (указать наименование продукции).

В срок до (числа, месяца, года) в Ваш адрес будет отгружено... комплектов запасных частей. Получение остальных... комплектов ожидайте в сроки, указанные в действующем договоре о поставках продукции на текущий год. О возможности ускорить отгрузку второй партии запасных частей мы проинформируем Вас дополнительно.

С уважением,
Заместитель директора по сбыту
ОАО «ЕЕЕ»   Подпись   И. О. Фамилия

Начальник отдела снабжения
И. О. Фамилия

текущий год 本年	
партия（货物，物件等的）一批	
снабжение 供给，供应	

3) Письмо-приглашение
邀请函

Письмо-приглашение может адресоваться индивидуальному или коллективному адресату. В письме-приглашении следует указать характер организуемых мероприятий, время проведения и условия участия в данных мероприятиях. При большом количестве адресатов целесообразно использовать как полностью готовые, напечатанные типографским способом тексты, так и тексты-трафареты.

邀请函是书面邀请对方（具体某人或者某机构）参加某项活动的函件。在邀请函中需要说明举办活动的性质、举办时间以及参加的条件等。如果邀请人数很多，邀请函多将事先准备好的内容印制成文或者使用现成的邀请函模板。

целесообразно	合理地，相宜地
типографский	印刷的
признательный	感激的，感谢的

邀请函常用的句型有：

Мы были бы рады видеть Вас на...
我们将非常高兴见到您（你们）……

Мы будем весьма признательны Вам за участие в...
如果您（你们）能出席……，我们将非常感谢。

Приглашаем... (...представителя Вашего предприятия посетить...; ...Вас принять участие в обсуждении проекта...).
邀请……（贵企业代表出席……；您参加……项目讨论）。

Просим принять участие (...в обсуждении проблемы...)
谨请参加……（问题讨论）。

Имеем честь пригласить Вас на...
很荣幸邀请您（你们）……

例文：

Консалтинговая группа

Термика

Ул. Орджоникидзе, д.11, Москва, 115419
Тел.：(495)123—45—67
Факс：(495)891—12—45
E-mail：info@hotmai.ru

консалтинговый	咨询的

Уважаемые дамы и господа!
Приглашаем Вас принять участие в работе семинара «АКТУАЛЬНЫЕ

ВОПРОСЫ УПРАВЛЕНИЯ АРХИВНЫМ ДЕЛОМ», который будет проходить в рамках седьмой специализированной выставки-конференции «Управление-2003: технологии совершенствования бизнес-процессов» (28—31 октября, Москва, Всероссийский выставочный центр (ВВЦ, павильон № 69).

Семинар «Актуальные вопросы управления архивным делом» пройдет 29 октября 2003 г. с 11.00 по 14.00 в Малом зале Павильона 69 ВВЦ.

Организаторы семинара: Федеральная архивная служба России (Росархив, www.rusarchives.ru), Всероссийский научно-исследовательский институт документоведения и архивного дела (ВНИИДАД. www.vniidad.ru) и консалтинговая группа «ТЕРМИКА» (www.termika.ru).

Ведущие семинара:

— директор ВНИИДАД, д. и. н., профессор М. В. Ларин

— руководитель консалтинговой группы «ТЕРМИКА», к. т. н., доцент А. Г. Цицин

На семинаре планируется осветить следующие вопросы:

11.00—12.00	Информационно-справочная система архивной отрасли (ИССАО) - официальная система Росархива (новый этап развития)	Докладчик: ведущий специалист Управления производства и внедрения информационных систем консалтинговой группы «ТЕРМИКА» Е. М. Каменева
12.00—14.00	Архивное хранение электронных документов (проблемы, рекомендации, практика)	Докладчик: Директор Центрального архива документов на электронных носителях Москвы Главного архивного управления г. Москвы, к. и. н., В. И. Тихонов

Также на семинаре «Актуальные вопросы управления архивным делом» планируется выступление экспертов из следующих организаций: Росархив, ВНИИДАД, федеральные архивы, органы управления архивным делом в субъектах Российской Федерации, ВУЗы и различные компании.

Мы будем рады видеть Вас в числе экспертов и участников семинара.

За дополнительной информацией о семинаре «Актуальные вопросы управления архивным делом», а также по вопросам бронирования гостиницы Вы можете обращаться по телефону：(495) 568—12—22 или по E-mail：market@termika.ru.

Генеральный директор консалтинговой группы «ТЕРМИКА»	Подпись	А. Г. Цицин

> бронирование 预定，保留（席位，票等）

例文参考译文：

"捷尔米卡"咨询公司　　　　　　　　莫斯科市,115419
　　　　　　　　　　　　　　　　　　奥尔忠尼启则街 11 楼
　　　　　　　　　　　　　　　　　　电话：(495)123—45—67
　　　　　　　　　　　　　　　　　　传真：(495)891—12—45
　　　　　　　　　　　　　　　　　　电子邮箱：info@hotmail.ru

尊敬的女士们,先生们：

　　诚邀您参加"档案管理的现实问题"讨论会,该讨论会将于第七届专题展会"管理—2003：完善商务过程技术"框架内举行(10 月 28—31 日,莫斯科,全俄展览中心,第 69 展馆)。

　　"档案管理的现实问题"讨论会将于 2003 年 10 月 29 日 11 时至 14 时在全俄展览中心第 69 展馆小厅举行。

　　讨论会主办方：俄罗斯联邦档案局(www.rusarchives.ru)、全俄文献学和档案事务研究所(www.vniidad.ru)和"捷尔米卡"咨询公司(www.termika.ru)。

　　讨论会主持人：

——全俄文献学和档案事务研究所所长,信息学博士,拉林教授

——"捷尔米卡"咨询公司经理,技术学副博士,齐钦副教授

　　讨论会拟讨论以下问题：

11.00—12.00	俄罗斯联邦档案局的官方系统—档案部门信息查询系统（ИССАО）（新的发展阶段）	报告人："捷尔米卡"咨询公司生产管理和信息系统采用首席专家加米涅娃
12.00—14.00	电子文件的档案保存(问题、建议和实践)	报告人：莫斯科市档案管理总局莫斯科电子文件中央档案馆馆长,信息学副博士吉洪诺夫

来自俄罗斯联邦档案局、全俄文献学和档案事务研究所、联邦档案馆、俄罗斯联邦主体档案管理部门、各高校以及各公司的专家也将在"档案管理的现实问题"讨论会上发言。

我们期待着您参加本次讨论会并发言。

关于"档案管理的现实问题"讨论会的补充信息以及宾馆预定问题，请致电（495）568—12—22 或者电子邮箱 market@termika.ru 进行咨询。

"捷尔米卡"咨询公司总经理　　　　　　　　　　　　　　阿•格•齐钦（签字）

Образцы：

(7)

ОБЩЕСТВЕННАЯ ОРГАНИЗАЦИЯ
Международная ассоциация «Развивающее обучение»
(образовательная система Д. Б. Эльконина — В. В. Давыдова)

Ул. Крылатские Холмы, д. 15, корп. 1, г. Москва, 121609
Тел. (495) 413—60—05
E-mail: cpro@elnet.msk.ru

Членам МАРО, директорам школ РО,
методистам, специалистам РО
№ 05 от 15 октября 2004 года

ПИСЬМО-ПРИГЛАШЕНИЕ

Согласно Уставу Международной ассоциации «Развивающее обучение», плану работы МАРО на 2004 год, 18—19 декабря 2004 года в городе Москве пройдет Десятая (отчетно-выборная) конференция Международной ассоциации «Развивающее обучение».

В конференции примут участие члены МАРО, представители Министерства образования и науки РФ, Академии повышения квалификации и переподготовки работников образования, Национального фонда подготовки кадров, издательств «Вита-пресс» и «Оникс-21 век», ведущие ученые, специалисты, методисты образовательной системы Д. Б. Эльконина — В. В. Давыдова.

МАРО（Международная ассоциация «Развивающее обучение»）国际发展教育协会
РО（развивающее обучение）发展教育
методист 教学法专家
отчетно-выборный 总结和选举的
переподготовка 进修，重新训练

В программе конференции:

подведение итогов работы ассоциации и определение программы ее дальнейшей деятельности;

выборы руководящих органов ассоциации;

представление и обсуждение результатов развития образовательной системы Д. Б. Эльконина — В. В. Давыдова за период 1994—2004 гг., определение направлений дальнейшего развития системы с учетом новых стратегических задач российского образования;

круглые столы, дискуссии, презентации, секции по основным проблемам и направлениям развития системы Д. Б. Эльконина — В. В. Давыдова;

награждение лучших школ, учителей, руководителей школ, методистов, активно участвующих в становлении и развитии образовательной системы Д. Б. Эльконина — В. В. Давыдова.

Место проведения конференции: Открытый институт «Развивающее обучение».

Телефон для справок: (495) 413—60—05.

Заявку на участие в Конференции необходимо сделать по телефону или по E-mail до 10 декабря 2004 года с указанием необходимости бронирования гостиницы.

Заявку на выступление (пленарное заседание, секция, презентация, круглый стол) необходимо подать до 1 декабря 2004 года.

Организационный взнос участника Конференции 1000 рублей, включая обеды 18 и 19 декабря.

Председатель Правления МАРО   Подпись   А. Б. ВОРОНЦОВ

> подведение итогов 作总结
> пленарное заседание 全体会议, 全会
> организационный взнос 会务费

(8)

Уважаемые господа,

От имени... я имею удовольствие пригласить Вас... в качестве гостей.... Могу заверить Вас, что я и мои коллеги будем рады встрече с Вами и сделаем все, чтобы пребывание в(на)... стало для Вас и интересным, и приятным. Было бы очень любезно с Вашей стороны, если бы Вы смогли ответить на наше приглашение о... в любое удобное для Вас время.

С сердечным приветом,
искренне Ваш,   Подпись   О. И. Петров

4) Письмо-благодарность
感谢函

Письмо-благодарность направляется для выражения благодарности за что-либо (например, за полученное письмо, каталог, приглашение, спонсорскую помощь, гостеприимство и т. п.). Письмо-благодарность может направляться в инициативном порядке или быть письмом-ответом, например, на поступившее приглашение, поздравление и т. д.

感谢函是在收到对方来信、产品目录等或受到对方邀请、赞助以及热情接待等之后向对方表示感谢的信函。感谢函可以是发函，也可以是对邀请函或祝贺函的回复函。

спонсорский 赞助的

感谢函的常用句型有：

Благодарим Вас за...
感谢您（你们，贵方）的……

Благодарим за оказанную помощь в...
感谢……提供的帮助……

Выражаем Вам свою благодарность за...
向您（你们，贵方）表示谢意……

Позвольте Вас поблагодарить за...
请允许我向您（你们，贵方）表示感谢……

Позвольте выразить Вам искреннюю благодарность за...
诚挚地感谢您（你们，贵方）的……

С благодарностью подтверждаем...
我们确认……，谨致谢意。

Заранее благодарим за...
预致谢意……

例文：

Институт стран Азии и Африки
при МГУ им. М. В. Ломоносова
Моховая ул., 11, г. Москва, 103917　　Директору Института русского
Тел. (495) 629—39—57,　　　　　　　языка им. А. С. Пушкина
Факс (495) 727—89—82　　　　　　　акад. П. И. Денисову

09.11.2007 № 234

         Уважаемый Петр Ильич!

  В октябре этого года в Вашем институте проходил научно-практический семинар «Современные проблемы риторики», в котором приняли активное участие и преподаватели нашего института.

  Семинар прошел на высоком научном уровне, привлек широкий круг участников из научных учреждений и вузов страны. Участники семинара смогли ознакомиться с современными достижениями в области риторики, рассмотреть проблемы риторического образования и подготовки кадров преподавателей риторики, ознакомиться с новой научной литературой по данной проблематике.

  Благодарим коллектив Института русского языка им. А. С. Пушкина за прекрасную организацию и проведение научно-практического семинара и за огромный труд по пропаганде риторических знаний.

  Желаем Вам творческих успехов и надеемся на плодотворное сотрудничество.

  С уважением,

Директор института
профессор　　　　　　　　　Подпись　　　　　М. Мейер

риторика 演说术
проблематика （某方面）各种问题的汇集
пропаганда 宣传

俄语应用文写作

例文参考译文：

国立莫斯科罗蒙诺索夫大学亚非学院
103917，莫斯科市莫霍瓦亚街11号
电话：(495) 629－39－57
传真：(495) 727－89－82

2007年11月9日 第234号

致普希金俄语学院院长
杰尼索夫院士

尊敬的彼得·伊里奇：
  我学院教师积极参加了今年10月在贵院举行的"现代演说术问题"科学实践讨论会。
  此次讨论会具有很高学术水平，吸引了全国各科研机构和高校代表的广泛参与。与会者不仅了解了当代演说术领域所取得的成就，研讨了演说术教育和演说术教师的培养问题，而且还了解了相关的新的学术文献。
  我们对普希金俄语学院成功地组织和举办本次科学实践讨论会、为宣传演说术知识所做的大量工作深表感谢！
  祝您在科研上取得更大的成绩，希望与贵院开展卓有成效的合作。

此致

敬礼

亚非学院院长 姆·梅耶尔教授
（签字）

Образцы:

(9)

Руководителям
Центров компетенции
по решению «Проблемы 2000»
в Российской Федерации

компетенция	权限,职权(范围)
сбой	间断,中断
мониторинг	跟踪,监控,调查
инфраструктура	基础设施

Уважаемые коллеги!

В ночь с 31 декабря 1999 года на 1 января 2000 года был успешно преодолен один из основных критических временных рубежей, связанных с «Проблемой 2000». По данным Центрального оперативного штаба по контролю и управлению обстановкой в критический период перехода компьютерных и информационных систем в 2000-й год, сбоев или отказов в основных народнохозяйственных комплексах, сферах производственной деятельности не произошло.

Это позволяет сделать вывод об эффективности проведенной в нашей стране работы по подготовке компьютерных систем к встрече 2000-го года. Важная роль в выполнении этой работы принадлежит Центрам компетенции по решению «Проблемы 2000» в Российской Федерации, которые оказывали владельцам систем своевременную и необходимую научно-техническую и методическую помощь в решении данной проблемы.

Вместе с тем состоявшееся успешное прохождение систем через указанный временной рубеж — это преодоление только одного из критических моментов, связанных с «Проблемой 2000». Поэтому, в целях обеспечения готовности компьютерных и информационных систем к встрече новых критических временных рубежей, работы по решению этой проблемы, включая ее постоянный мониторинг, должны быть продолжены. Это в полной мере относится и к Центрам компетенции как одной из важнейших составляющих инфраструктуры, необходимой для окончательного решения «Проблемы 2000».

| информатизация | 信息化 |
| профессионализм | 职业技能,职业化 |

В связи с успешным преодолением «Проблемы 2000» на критическом рубеже вхождения в 2000-й год Министерство Российской Федерации по связи и информатизации выражает руководителям и коллективам всех Центров компетенции признательность и благодарность за ответственное отношение к порученному делу и высокий профессионализм в работе.

Министр Российской Федерации
по связи и информатизации   Подпись   Л. Д. Рейман

5) Письмо-подтверждение
确认函

Письмо-подтверждение направляется для подтверждения получения документов или материальных ценностей. Письмо также может подтверждать какой-либо факт, действие, телефонный разговор. В ключевую фразу письма-подтверждения входят слова, образованные от глагола "подтверждать". Письмо может заканчиваться просьбой, предложением, пожеланием и т. д.

确认函是确认收到文件或贵重物品的信函。确认函也可对某事实、行为、电话洽谈等内容进行确认。由动词подтверждать构成的词汇是确认函的关键词汇，确认函结尾可以有表达请求、建议或祝愿等内容。

确认收到文件、产品等的常用句型：
Мы получили Ваши письма от...;
我方收到贵方……来函。

Ваше письмо от... получено нами;
贵方……来函收悉。

Сообщаем Вам, что мы (своевременно) получили Ваше письмо от...;
兹通知贵方，我方（及时）收到贵方来函……

(Настоящим) подтверждаем получение нового прейскуранта...;
兹确认收到新的价目表……

прейскурант 价目表

С благодарностью подтверждаем получение Вашего заказа и приступаем к его выполнению...;
确认收到贵方定单并已开始完成定单，谨致谢意；

ОАО "Логос" подтверждает получение товаров...;
开放型股份公司"洛戈斯"确认收到商品……

在确认同意某事项（如同意对方提出的谈判日期、价格、供货条件等）时，常用下列句型：
Подтверждаем...
我方确认……

Посылаем Вам наше подтверждение...
兹寄上我方对……的确认书……

Завод "Прогресс" подтверждает...(... условия поставки оборудования...)
"进步"工厂确认……（设备的供货条件……）

С удовлетворением подтверждаем...
我方非常满意地确认……

Фирма "Орион" подтверждает свою готовность установить взаимовыгодное и долгосрочное сотрудничество с... и готова подписать соответствующие документы с учетом предложений Вашей стороны.

"猎户座"公司确认,我方愿意与……建立长期互利的合作关系并在考虑贵方建议的基础上准备签署相应的文件。

Объединение "Петросервис" не возражает против создания и совместной эксплуатации станции спутниковой теле- и радиосвязи. Для ведения переговоров направляются руководители отделов объединения...

"彼得谢尔维斯"公司不反对创建和共同使用电视广播通讯卫星站。拟派公司部门领导前往进行谈判。

例文：

| Государственный герб Российской Федерации | Герб субъекта Российской федерации | Эмблема организации |

Наименование
Организации
Справочные данные
об организации

                                                    Директору ООО «Сокол»
                                                    г-ну Матвееву А. В.

22.03.2003 № 274

О получении продукции

Настоящим письмом подтверждаем получение Вашей продукции в соответствии с приложением № 1 к договору № 237 от 17 ноября 2002 г.

Претензий по количеству и качеству продукции не имеем.

Директор   Подпись   В. И. Воронцов
                   Печать

Попова 921—48—70

俄语应用文写作

例文参考译文：

| 俄罗斯联邦国徽 | 俄罗斯联邦主体徽章 | 机构标志 |

机构名称
机构联系方式

2003 年 3 月 22 日，第 274 号

事由：产品收到

致"雄鹰"有限责任公司经理
阿·弗·马特维耶夫先生

  本函确认：我方已经收到贵方根据 2002 年 11 月 17 日第 237 号合同第一号附件提供的产品。
  我方对产品的数量和质量没有异议。

              经理 弗·伊·沃龙佐夫（签字）
                 （印章）

经办人：波波娃
电话：921—48—70

Образцы：

(10)

Закрытое акционерное общество   Руководителю
                 Государственной архивной службы
  «ТЕРМИКА»   Республики Алтай

ул. Орджоникидзе, д. 11, Москва, 115419
Тел.：(495) 123—45—67   Г-ну Паку Е. П.
Факс：(495) 891—12—45
E-mail：info@hotmai.ru

00.00.0000 № 000
На №   от

Об информации по муниципальным архивам

Уважаемый Емельян Петрович!

С благодарностью подтверждаем получение от Вас информации по муниципальным архивам. При рассмотрении данного материала была обнаружена нечеткость текста, в связи с этим просим Вас повторно сообщить сведения об архиве муниципального образования «Улаганский район».

Генеральный директор　　　　Подпись　　　　А. Г. Цицин

Е. М. Каменева
956—21—01

нечеткость 不清楚之处，不明确之处

6) Сопроводительное письмо
送件函

Сопроводительные письма составляются для сообщения адресату о направлении каких-либо документов, материальных ценностей. Сопроводительные письма выполняют важную функцию контроля за прохождением документов и грузов, выполняя вместе с тем функцию ярлыка. Текст сопроводительного письма может содержать просьбы, пояснения, связанные с теми материалами, которые составляют приложения к сопроводительному письму. В этом случае сначала говорится о направлении документов, затем излагаются просьбы и пояснения.

送件函是通知对方随函寄出某些文件或贵重物品的函件。送件函对于文件或货物的发送起着重要的查验功能，同时履行标签的功能。送件函的正文可以包含与所寄发资料相关的请求和解释，这类送件函可以先说明寄送文件，再陈述请求和解释说明。

ярлык 标签
пояснение 说明

送件函的常用句型：
Направляем...（...чертежи сборки машин...）;
兹发送……（机器安装的图纸……）。

Представляем Вам...;
兹给您（贵方）送上……

Высылаем...（...подписанный с нашей стороны договор...）;
兹寄送……（我方已签署的合同……）。

Посылаем... (... интересующую Вас документацию заказной бандеролью...);
兹以挂号印刷品形式寄上您(贵方)感兴趣的资料……

При этом направляем (посылаем, высылаем, препровождаем) Вам...;
随函发送(寄送、送上)贵方……

Согласно прилагаемому списку высылаем отдельным пакетом....;
按照所附目录我方以独立邮件的形式寄发……

Одновременно с этим письмом высылаются....;
随函寄出……

В соответствии с предварительной договоренностью высылаем Вам...;
按照初步协议寄送给贵方(您)……

В соответствии с дополнительным протоколом высылаем Вам...;
按照补充议定书寄发给您(贵方)……

В подтверждение нашей договоренности высылаем Вам....
为确认双方达成的协议,现给您(贵方)寄上……

> заказная бандероль
> 挂号印刷品邮件
> препровождать
> 送去,寄去

例文：

Государственный герб Российской Федерации	Герб субъекта Российской Федерации	Эмблема организации
Наименование Организации		Директору ООО «Вымпел» г-ну Иванову А. В.
Справочные данные об организации		

22.03.2008 № 265

О высылке документов

Настоящим письмом в соответсвии с достигнутой договоренностью высылаем Вам договор № 281 от 22 марта 2008 г. на 1 листе в 2 (двух) экземплярах.

Просим на указанных документах поставить подпись, печать и один экземпляр вернуть в наш адрес.

Директор	Подпись Печать	В. И. Воронцов

Попова
921—48—70

例文参考译文：

俄罗斯联邦国徽　　　　俄罗斯联邦主体徽章　　　　　机构标志 机构名称 机构联系方式 2008年3月22日,第265号 事由:文件寄送   致"信号旗"有限责任公司经理 阿·弗·伊万诺夫先生 　　根据达成的协议,兹寄送给您2008年3月22日第281号合同,一式两份,每份一页。请您在上述文件上签字、盖章并将其中一份寄还我方。 　　　　　　　　　　　　　　　　　　　经理　弗·伊·沃伦佐夫(签字) 　　　　　　　　　　　　　　　　　　　　　　　　　(盖章) 经办人:波波娃 电话:921－48－70

Образцы:

(11)

АДМИНИСТРАЦИЯ
НОВОСИБИРСКОЙ ОБЛАСТИ   Председателю Новосибирского
                                  областного Совета депутатов

Красный проспект, 18,
г. Новосибирск-11, 630011   г-ну Леонову В. В.
Тел：22—25—15, 23—72—14,
Факс：23—69—72

29.10.2008 № 125—03/12
на № _____ от _____
О передаче предприятия
в собственность области

Уважаемый Виктор Васильевич!

В соответствии с положением «Об управлении и распоряжении собственностью области, закрепленной за областными предприятиями и учреждениями» направляю Вам для согласования документы о передаче племенного рыбоводческого совхоза «Приволье», находящегося в ведении Минсельхозпрода Российской Федерации, из федеральной собственности в государственную собственность Новосибирской области.

Приложение：

1. Письмо Минсельхозпрода РФ от 10.04.05 № 8—33/225 на 1 л. в 1 экз.
2. Перечень предприятий на 1 л. в 1 экз.
3. Письмо управления сельского хозяйства администрации области от 29.04.05 № 4—9/363 на 1 л. в 1 экз.

Глава Администрации   Подпись
В. А. Толоконский

Никитин
237—59—71

депутат 代表, 议员
распоряжение 支配
племенной 育种的, 良种的
рыбоводческий 养鱼业的
в ведении чего 在……管辖之下
Минсельхозпрод（Министрество сельского хозяйства и продовольствия) 农业和粮食部

(12)

Закрытое акционерное общество «ТЕРМИКА»	Первому заместителю начальника Главного архивного управления города Москвы

Ул. Орджоникидзе, д. 11, Москва, 115419
Тел.: (495) 123—45—67   г-ну Горинову В. М.
Факс: (495) 891—12—45
E-mail: info@hotmai.ru

<u>00.00.0000</u> № <u>000</u>
На № _____ от _____

> сервер 服务器
> методическая рекомендация
>   教学指南
> логическая операция
>   逻辑运算

О предоставлении методических документов
по работе в среде «Кодекс-Сервер»

Уважаемый Василий Михайлович!

В соответствии с предварительной договоренностью высылаем Вам методические рекомендации по работе с информационными ресурсами в среде «Кодекс-Сервер» и описание логических операций, используемых при поиске документов в информационной системе «Кодекс».

Приложение:
1. Методические рекомендации по работе с информационными ресурсами в среде «Кодекс-Сервер» для сотрудников Главного архивного управления города Москвы (Главархива Москвы) на 16 л. в 1 экз.
2. Описание логических операций, используемых при поиске документов в информационной системе «Кодекс» на 3 л. в 1 экз.

Генеральный директор   Подпись   А. Г. Цицин

Е. М. Каменева
956—21—01

7) Письмо-запрос
询问函

Письмо-запрос — это документ, который представляет собой официальное обращение адресанта к адресату.

询问函是发函方向收函方提出正式问询的函件。

повествовательный 叙事的，叙述的
счет-фактура 发货账单

询问函通常由引言和结论两部分构成：

1. **Введение**, где в повествовательной форме излагается существо дела, объясняются побудительные мотивы, причины обращения.
   引言部分陈述询问的原因、动机和根据。

这部分常用的句型有：
Причина обращения（阐述原因）：
　　В связи с неполучением счета-фактуры...;
　　鉴于未收到发货账单……
　　Вследствие изменения цен на энергоносители... и т. п.
　　由于能源的价格变化……等等
Цель обращения（阐述目的）：
　　Для согласования спорных вопросов...;
　　为协商有争议的问题……
　　Во избежание конфликтных ситуаций... и т. п.
　　为避免发生冲突……等等
Ссылки на основание для обращения（阐述根据）：
　　Учитывая, что производственные показатели снизились на...;
　　考虑到生产指标下降……
　　В соответствии с достигнутой ранее договоренностью...;
　　按照先前达成的协议……等等；

При необходимости в текст вводятся ссылки на устную договоренность, достигнутые решения, прежние письма, нормативные акты.
必要时，还可以在正文中援引口头协议、已达成的决议、以往的函件、法规等等。

2. **Заключение**, в котором ставятся конкретные вопросы, на которые ожидается ответ адресата. В заключении часто используются следующие стандартные выражения:
在结论部分提出具体的问题，这部分常用的句型有：
　　Просим Вас сообщить о возможности поставки...;
　　请您（贵方）告知能否提供……

Просим немедленно погасить задолженность за 2002 год...;
请立即结清 2002 年的欠款……
Просим выслать (прислать) нам предложение на поставку...;
请给我方发来供货报价……
Мы будем признательны, если...;
如果……，我方将非常感谢。
Прошу Вас выслать образцы материалов.
请您（贵方）寄来材料样本。

погасить задолженность
还清债务

Одна из разновидностей писем-запросов — коммерческий запрос — документ, представляющий собой обращение лица, желающего заключить сделку (покупателя к продавцу, импортера к экспортеру), с просьбой дать подробную информацию о товаре и (или) направить предложение на поставку товара. В таком письме-запросе указываются, как правило, наименование товара (услуг) и условия, на которых импортеру желательно получить товар, например количество и качество товара, его модель, марка, сроки поставки и условия платежа.

询价函是询问函的一种，是买方向卖方（或进口商向出口商）询问商品详细情况和（或）要求提供商品供货报价的一种商务应用文。在询价函中通常注明买方想要购买的商品（服务）名称以及购买的条件，如数量、质量、型号、供货期、支付条件等等。

заключить сделку 订契约, 交易
импортер 进口商
экспортер 出口商
платеж 支付, 付款

在询价函的引言部分常用下列句型：

В соответствии с (Протоколом о взаимных поставках на... год..., предварительной договоренностью..., телефонным разговором от... и. т. п.);
按照（……年相互供货议定书……；初步协议……；……日的电话洽谈……)等等；

На основании (Протокола..., торгового соглашения..., прейскуранта..., нашей договоренности о... и. т. п.);
根据（议定书……，贸易协定……；价目表……；双方协议……等等）；

Ссылаясь на (протокол переговоров..., нашу договоренность..., наш телефонный разговор... и. т. п.);
依据（谈判记录……；双方达成的协议……；双方电话洽谈……)等等。

询价函通常要求对方以复函的形式做出答复。所以在函件结尾处常使用下列句式：

С нетерпением ждём Вашего письма.
急切盼望您(贵方)的回复。

Просим ответить по возможности скорее.
请尽快回复。

Просим ответить в двухнедельный срок.
请在两周内给我方答复。

Прошу отослать ответ обратной электронной почтой.
请用电子邮件回复。

Настоятельно просим ответить в трёхдневный срок.
恳请在三天内答复。

> настоятельно 坚持地，坚决地
> представительство
> 代表机关，代表处
> АОЗТ （акционерное общество закрытого типа）
> 封闭型股份公司

例文：

Начальнику
регионального представительства
Компании «БББ»
г-ну Петрову П. П.

Уважаемый господин Петров!

Наше предприятие имеет намерение заказать у Вашего предприятия... комплекта оборудования... (указать тип, марку). Просим Вас сообщить условия выполнения заказа. Желаемый срок поставки — до... (числа, месяца, года). Своевременную оплату гарантируем.

Наши реквизиты:...

С неизменным уважением,

Главный инженер АОЗТ «ВВВ»   Подпись   И. И. Сергеев

Главный бухгалтер   Подпись   В. В. Иванов

例文参考译文：

致"БББ"公司地区代表处主任彼得罗夫先生

尊敬的彼得罗夫先生：

我们企业有意订购贵企业（＿＿＿）套设备（指明型号和商标）。请您告知履行订单的条件。希望在（＿＿＿）年，（＿＿＿）月，（＿＿＿）日之前供货。

我方保证按时付款。

我方财务要项：……

致以最诚挚的敬意！

"BBB"封闭型股份公司总工程师　　伊•伊•谢尔盖耶夫（签字）

总会计师　　弗•弗•伊万诺夫（签字）

Образцы：

(13)

| Государственный герб Российской Федерации | Герб субъекта Российской Федерации | Эмблема организации |

Наименование Организации　　　　　　　　　Директору ООО «Вымпел»
　　　　　　　　　　　　　　　　　　　　　г-ну Иванову А. В.

Справочные данные
об организации

22.07.2008 № 378

О поставке сырья

Настоящим письмом предлагаем для Вашего предприятия следующие поставки сырья, необходимые для выпуска продукции.

Наименование:

Количество:

Сроки поставки:

В случае Вашей заинтересованности просим дать ответ не позднее 28 августа 2008 г.

Директор   Подпись   В. И. Воронцов
                  Печать

(14)

Закрытое акционерное общество	Директору ВНИИДАД
«ТЕРМИКА»	г-ну Ларину М. В.

ул. Орджоникидзе, д. 11, Москва, 115419
Тел.: (495) 123—45—67
Факс: (495) 891—12—45
E-mail: info@hotmai.ru

08.08.2008   № 999
На № _____ от _____

О предоставлении сборников докладов и сообщений

Уважаемый Михаил Васильевич!

В соответствии с договором от 17 мая 2005 г. № ВР—201 просим Вас предоставить для ввода в «Электронную библиотеку документоведа» два сборника докладов и сообщений:

1. Документация в информационном обществе: Проблемы государственного регулирования документационного обеспечения управления при переводе на электронные технологии. Доклады и сообщения на восьмой Международной научно-практической конференции 23—24 мая 2002 г. — М., 2003. — 345 с.

2. Документация в информационном обществе: унификация и стандартизация межведомственного и корпоративного документооборота: Доклады и сообщения на девятой Международной научно-практической конференции 8—9 мая 2003 г. — Росархив. ВНИИДАД. — М., 2004. — 345 с.

Генеральный директор   Подпись   А. Г. Цицин

Е. М. Каменева
956—21—01

8) Письмо-ответ
回复函

Письмо-ответ выступает как зависимый по композиции и тематике текст по отношению к письму-запросу.

回复函是对询问函的回复，所以回复函在结构和内容上都取决于询问函。

Письмо-ответ с положительным решением строится по следующей схеме:
如果回复函是对询问函肯定的答复，通常采用下面的格式:

- повторение содержания запроса с использованием устойчивых языковых формул, например: *На Ваш запрос о поставке запасных частей к... сообщаем...*; *В ответ на Ваш запрос о... направляем...*;
- изложение информации по запросу.

Письмо-ответ с отказом строится следующим образом:
如果回复函是对询问函的否定和拒绝，则采用下面的格式:

- повторение содержания запроса (по форме, аналогичной письму с положительным решением);
- аргументированное указание причины (или причин), по которой (которым) просьба не может быть удовлетворена или предложение не может быть принято;
- констатация отказа или отклонения предложения.

在写拒绝函时，一定要字斟句酌，既要陈述自己的观点，也要注意维护对方的尊严，句首经常使用表示遗憾的句式，如：***С сожалением*** вынуждены сообщить о невозможности удовлетворить Ваш запрос...; ***К сожалению***, мы не можем согласиться на Ваши условия..., ***К глубокому сожалению***, проблемы с... не позволяют нам воспользоваться Вашим предложением в ближайшее время... 等等。

在对询价函进行答复时，如果能满足对方的询价，则可以直接提出报价 (предложение или оферта)。如果不能满足对方询价，则可以直接拒绝或者是回复下列内容：
о принятии запроса к рассмотрению;
决定对询价进一步研究；
о выяснении возможностей поставки товара, интересующего покупателя;
陈述买方感兴趣商品的供货可能性；
об изменении условий запроса (изменении количества товара, модели, марки, сроков поставки т. п.);
陈述询价条价 (产品数量、型号、品牌及供货期等) 的变化情况。

В таком случае при составлении письма-ответа можно использовать следующие ключевые фразы:
此类回复函可以使用下列句式：

> аргументировать
>   论证，用论据加以证明
> констатация 确定
> отклонение 拒绝，谢绝

Сообщаем, что ввиду большого спроса на этот товар…；
由于对本产品的大量需求，谨通知……；
Идя навстречу Вашим пожеланиям…；
为满足贵方的要求……；
Мы с радостью дадим положительный ответ на Вашу просьбу о скидках, если…
如果……，我们将非常高兴同意您（贵方）关于降价的请求；
К сожалению, мы не можем пойти на Ваши условия оплаты, однако…；
很遗憾，我们不能同意贵方的支付条件，但是……；
Как давнему нашему партнеру Вам, конечно, хорошо известно, что…；
作为我方长期的合作伙伴，贵方很清楚……；
Мы готовы учесть все Ваши замечания…；
我方准备考虑贵方意见……；
Учитывая Ваши соображения по данному вопросу…；
考虑到贵方对该问题的看法……；
Надеемся, Вас заинтересует наше предложение…
希望贵方能对我方建议（报价）感兴趣……

> спрос 需求，需要
> соображение 想法，看法，意见

例文：

> Главному инженеру
> Акционерного общества закрытого типа «ВВВ»
> г-ну Иванову И. И.
>
> Уважаемый Иван Иванович!
> В ответ на Вашу просьбу высылаем условия выполнения заказа на поставку Вашему предприятию… комплектов… оборудования….
> Просим Вас подтвердить согласие с условиями выполнения заказа.
>
> Приложение: «Условия…» (проект договора), на… листах.
>
> С глубоким уважением,
>
> Начальник регионального представительства
> компании «БББ»   Подпись   С. С. Сергеев

例文参考译文：

致封闭型股份公司"BBB"总工程师
伊·伊·伊万诺夫先生

尊敬的伊万·伊万诺维奇先生：
　　根据贵方请求,现寄上完成贵方(＿＿)套(＿＿)设备订单的条件。
　　请贵方确认同意该条件。

　　附件:《……条件》(合同草案),共计……页。

　　致以最诚挚的敬意！

"БББ"公司地区代表处主任　　　　　　　　　　　　　斯·斯·谢尔盖耶夫(签字)

Образцы：

(15)

Генеральному директору
ОАО «ААА»
И. О. Фамилия
Копия：
заместителю генерального директора
по маркетингу
И. О. Фамилия

Глубокоуважаемый господин...!
　　В соответствии с Вашей просьбой высылаю... экземпляра каталога продукции нашего завода. Буду рад, если это послужит дальнейшему укреплению взаимовыгодных контактов между нашими предприятиями.
　　Приложение：каталог продукции завода на 2003 г., экз. № 3 — только адресату.
　　С неизменным уважением,
　　Директор завода «Мост»　　　　Подпись　　　　И. О. Фамилия

(16)

Администрация Ростовской области
МИНИСТЕРСТВО СТРОИТЕЛЬСТВА, АРХИТЕКТУРЫ И ЖИЛИЩНО-КОММУНАЛЬНОГО ХОЗЯЙСТВА

г-ну Басакову М. И

ул. Портовая, 80—1, кв. 19

г. Ростов-на-Дону, 344034

Социалистическая ул., 112
г. Ростов-на-Дону, 344050

№ 15—933ж от 11.07.2008.
На №_____ от «__» ____ 200__ г.

> Министерство строительства, архитектуры и жилищно-коммунального хозяйства
> 建设、建筑和住房公用事业部
> губернатор области 州长
> водоснабжение 供水，给水
> нормализовать 使标准化，使正常化
> причинить 使遭受
> жилищно-коммунальные службы 住房公用事业管理部门

Уважаемый Михаил Иванович!

По поручению Главы Администрации (Губернатора) области В. Ф. Чуба Ваше обращение по вопросу водоснабжения квартиры № 19 жилого дома, ул. Портовая, 80—1 рассмотрено. В результате проведенных ремонтных работ водоснабжение Вашей квартиры нормализовано с 14.06.08.

Приношу извинения за неудобства, причиненные жилищно-коммунальными службами города.

С уважением,
и. о. Министра   Подпись   А. Н. Иванов

С. И. Шкурко
40 17 26

9) Гарантийное письмо
保证函

Гарантийное письмо предназначено для предоставления адресату письменных гарантий с целью подтверждения определенных обещаний,

保证函是发函人向收函人提供书面保证的信函，对涉及到收函人利益的某种允诺、条件或者行为予以确认。保证

условий или действий адресанта, так или иначе затрагивающих интересы адресата. Гарантироваться могут плата за выполненную работу, сроки ее выполнения, качество выполнения работ, качество товара и т. п. Гарантийные письма носят подчеркнуто юридический характер. Гарантийные письма отличают ясность, точность формулировок — поскольку речь идет о предоставлении адресату гарантий от имени и по поручению организации или должностного лица. В нем обязательно указывается вид операции, которую предстоит произвести.

的事项可以是按时支付款项、完工期限、完成工程或货物的质量等等。保证函具有鲜明的法律特点。由于保证函是以机构或其负责人的名义或受机构或其负责人委托而向收函人提供的保证，因此保证函的措辞特点是清晰准确，必须说明保证实现的事务类型。

保证函可以开门见山，直接提出保证的内容，如："**Настоящим письмом гарантируем...**（本人以此函保证……）"；也可以先陈述写保证函的原因，然后再陈述所提出的保证事项，如："**Оплату гарантируем...**（我方保证付款……）"或"**Своевременную и полную оплату гарантируем...**（本人保证按时全额付款……）"。

保证函中应该有撰写者和财务直接负责人的签字。如果保证函涉及的是对所购买货物或服务的支付，则函中必须指明支付机构的银行要项，并且要有机构负责人和总会计师的签字。

保证函常用下列句型：

Гарантируем...

我方保证……

Гарантируем, что...

我方保证……

Фирма "Партнер" гарантирует...

"伙伴"公司保证……

Оплату гарантируем...

我方保证付款……

Настоящим гарантируем...

我方保证……

例文：

ЗАО «ААА»

Проспект Дружбы, 54

Москва, Россия, 129110

俄语应用文写作

21.06.2006 № 45　　　　　　　　　　　Директору ОАО «БББ»
На №_____　　　　　　　　　　　г-ну Либину А. Ю.

О передаче приборов АФ—3

　　　　　　　　　　Уважаемый г-н Либин!

　　Просим передать нашей фирме 20 комплектов приборов АФ-3.
　　Оплату по согласованной сметной калькуляции гарантируем.

Генеральный директор　　　　Подпись　　　И. И. Петров
Главный бухгалтер　　　　　　Подпись　　　В. В. Перекатова

> согласованный 协商一致的，得到赞同的
> сметная калькуляция 成本预算

Цветкова Зоя Васильевна
221—34—67

例文参考译文：

"ААА"封闭型股份公司
129100，俄罗斯莫斯科
友谊大街 54 号

2006 年 6 月 21 日
发函号：第 45 号
来函号：_____

事由：转让 АФ-3 仪器

致"БББ"开放型股份公司经理
阿·尤·利宾先生

尊敬的利宾先生：
　　请转让给我公司 20 套 АФ—3 仪器。
　　我方保证按商定的成本预算付款。

总经理　伊·伊·彼得罗夫（签字）
总会计师　弗·弗·佩列卡托娃（签字）
经办人：
卓娅·瓦西里耶夫娜·茨韦特科娃
电话：221—34—67

Образцы：

(17)

Заместителю директора по сбыту
ОАО «ЕЕЕ»
И. О. Фамилия

первоначальный
最初的，原先的
в полной мере 充分地

Уважаемый（имя, отчество）！

Принимая во внимание наше многолетнее взаимовыгодное сотрудничество, просим Вас изыскать возможность для ускорения поставки... комплектов запасных частей к... (указать наименование продукции) и отгрузки указанной продукции в наш адрес до... (числа, месяца, года). При определении первоначального срока поставки —... (числа, месяца, года) — не были в полной мере учтены следующие обстоятельства：

...

Это повлияло на принятие решения о переносе срока поставок.

Реквизиты предприятия

...

Отгрузку просим произвести... (указать, как именно). Своевременный возврат вагонов и оплату гарантируем.

О Вашем решении просим сообщить в возможно более короткие сроки.

С уважением,

Директор ООО «ЖЖЖ»　　　Подпись　　И. О. Фамилия

Главный бухгалтер　　　　　Подпись　　И. О. Фамилия

(18)

```
расчетный счет 结算账户
```

Директору _____
_____
(наименование организации)
_____
(фамилия，имя，отчество)

ГАРАНТИЙНОЕ ПИСЬМО

Просим Вас выполнить услуги в виде _____
_____.

Оплату гарантируем с расчетного счета No. _____
_____.
(наименование банка)

Директор _____ _____ _____
       (наименование предприятия)   (Подпись)   (И. О. Ф)

Главный бухгалтер   _____ _____
                                              (Подпись)   (И. О. Ф)

10) Рекламация
索赔函

Рекламация — это коммерческий документ, представляющий собой претензии к стороне, нарушившей принятые на себя по контракту обязательства, и требование возмещения убытков. Рекламация предъявляется в письменной форме с приложением всех документов, подтверждающих рекламацию и имеющих полную доказательную силу для обеих сторон, и в определенный срок.

索赔函是订约一方向违反契约义务的另一方提出异议并要求赔偿损失的商务文件。索赔要以书面形式在规定的期限内提出，并且要附上所有能确认索赔并对双方均具有充分说服力的文件。

```
возмещение 偿付
убыток 损失
доказательная сила 说服力
```

索赔提出后的解决方法可能有：
— замена дефектного товара новым（以新品换次品）；
— допоставка недостающего товара（补足短少的货物）；
— процентная скидка со стоимости товара（对货物总值给予折扣）；
— уплата денежного штрафа, пени или неустойки（支付罚款或违约金）；
— предупреждение（警告）.

索赔函常用下列句型：

При этом направляем рекламацию в связи с...;
鉴于……，兹寄上索赔函；
К сожалению, мы должны сообщить Вам...;
非常遗憾，我方应该通知贵方……；
Вы должны были поставить партию к... числу.
您（贵方）应该在某日前提供这批货物。

在复索赔函(ответ на рекламацию)**中常用下列句型：**

В ответ на рекламацию сообщается о том, что:
作为索赔回复，特告知如下：
информация принята к рассмотрению;
信息已受理；
претензия удовлетворяется полностью или частично;
可以全部（部分）满足索赔要求；
денежная оплата произведена;
款项已经支付；
Приносим свои извинения за...;
我方为……深表歉意；
В ответ на Ваше письмо от..., сообщаем, что мы не можем согласиться с Вашим предложением...;
复贵方……号信函，我方不能同意贵方的建议……；
После получения Вашей претензии мы немедленно связались с заводом...
收到贵方索赔函后，我方立即与工厂取得了联系……

Если претензия отклоняется полностью или частично, указываются мотивы отказа с соответствующей ссылкой на нормативные акты и другие документы, которые его обосновывают.
如果完全或部分拒绝索赔，需要指明拒绝的原因，并援引能提供证明的文件。

例文：

| ненадлежащий 不应有的，不当的 |

　　　　　　　　　　　　　　　　　　　　　　　　　Директору
　　　　　　　　　　　　　　　　　　　　　　　　　АОЗТ «ГГГ»
　　　　　　　　　　　　　　　　　　　　　　　　　г-ну Михалкову М. В.

Уважаемый Михаил Викторович!

ОАО «ДДД» заявляет Вам о рекламации в связи с ненадлежащей поставкой Вашей стороной очередной партии продукции.

...（числа, месяца, года）Вашим предприятием для нужд ОАО «ДДД» была осуществлена отгрузка по...（указать способ отгрузки）партии...（указать наименование продукции）общей стоимостью... руб. Вследствие недостаточно тщательной упаковки часть продукции оказалась повреждена, что засвидетельствовано в акте, подписанном представителями ОАО «ДДД» и станции...（указать название）, до которой осуществлялась транспортировка（акт прилагается）.

В результате значительная часть продукции оказалась разукомплектованной и непригодной к дальнейшему использованию. В связи с изложенным предлагаем:

1) завизировать рекламационный акт（прилагается）, после чего выслать один экземпляр в наш адрес;
2) заменить указанную в рекламационном акте продукцию на аналогичную кондиционную, как это предусмотрено ст. ... договора о поставках продукции на... год. Кроме того, в связи с неудовлетворительным выполнением условий договора Ваше предприятие в соответствии с п. ... ст. ... этого же договора обязано выплатить ОАО «ДДД» неустойку в размере...% от стоимости поставленной ненадлежащим образом продукции, т. е. в сумме... руб.

Приложение:
1. Акт приемки продукции, на... листах.
2. Рекламационный акт в двух экз., на... листах каждый.

С уважением,

Генеральный директор ОАО «ДДД»　　Подпись　　И. О. Фамилия

Начальник отдела маркетинга　　　　Подпись　　И. О. Фамилия

общая стоимость	总价值
транспортировка	运送
разукомплектовать	使…不配套
завизировать	签署（为证）
рекламационный акт	索赔证书
кондиционный	合格的, 合乎标准的
неустойка	违约金

例文参考译文：

致"ГГГ"封闭型股份公司经理米哈尔科夫先生

尊敬的米哈伊尔·维克托罗维奇先生：
　　鉴于贵方未按规定提供当前批次的货物，"ДДД"开放型股份公司现向您提出索赔。

（___年，___月，___日）应"ДДД"开放型股份公司所需，贵公司发运（指明发运方式）一批货物（指明货物名称），总价值为_____卢布。由于包装不当，部分产品受损，这已在由"ДДД"开放型股份公司代表和货物运达车站（指明名称）代表签字的证书中证实（证书见附件）。

结果造成大部分产品不能配套且不能继续使用。

鉴于上述情况，我方建议：

1) 在索赔证书（证书见附件）上签字，然后将其中一份寄还我方。

2) 根据_____年产品供货合同第____条规定，将索赔证书中所标明的产品换成同类合格产品。此外，根据上述合同第____条____款规定，由于贵公司对合同条件履行不当，贵公司应支付"ДДД"开放型股份公司未按规定供货产品总值___%的违约金，总计_____卢布。

附件：

    1. 产品交接证书，共____页。

    2. 索赔证书，一式两份，每份_____页。

此致

敬礼

"ДДД"开放型股份公司总经理　姓名（签字）

营销部经理　姓名（签字）

Образцы:

(19)

Генеральному директору
ОАО «ДДД»
И. О. Фамилия

Уважаемый господин...!

    Мы с большим огорчением восприняли Вашу рекламацию в связи с ненадлежащим качеством поставки ОАО «ДДД» продукции нашего завода. Одновременно вынуждены сообщить, что представленная Вами рекламация может быть удовлетворена нами лишь частично, поскольку:

1) часть указанной в рекламационном акте продукции, несмотря на разукомплектацию (вследствие боя), остаётся кондиционной, и, следовательно, пригодной к дальнейшему использованию по назначению;
2) в связи с п. 1 должна быть уменьшена фактическая сумма неустойки.

Мы готовы заменить всю некондиционную продукцию и перечислить на счет ОАО «ДДД» сумму неустойки, исходя из фактических потерь продукции в составе партии, переданной Вашей стороне... (числа, месяца, года). При Вашем несогласии с изложенными выше условиями мы предлагаем незамедлительно приступить к урегулированию спорных вопросов через арбитражный суд.

Приложение: рекламационный акт, экз. №2, на... листах.

потеря 损失
урегулирование 解决
арбитражный суд 仲裁法庭

С уважением,

Директор АОЗТ «ГГГ»   Подпись   И. О. Фамилия

Юрисконсульт   Подпись   И. О. Фамилия

(20)

Московский завод по ремонту   Минский часовой завод
часов и ювелирных изделий   ул. Ленина, 3, г. Минск
13 апреля 2008 г. № 698
Суворовская, д. 14,
105041, Москва

ювелирные изделия 珠宝制品
фурнитура 附件,配料

Тел. 123—45—67   ПРЕТЕНЗИЯ НА СУММУ 800 руб.

По заключенному с Вами договору от 30 октября 2007 г. № А—39 на поставку часовой фурнитуры Вы обязаны были сдать нам в первом квартале 2008 г. часовой фурнитуры на общую сумму 90000 руб., фактически сдано Вами в первом квартале 2008 г. на 50000 руб. (реестр счетов, по которым получена продукция, прилагается).

Вами недопоставлено часовой фурнитуры в первом квартале на 40000 руб. Продукция в счет второго квартала не сдана и до настоящего времени. Согласно п. 12 договора, вы обязаны уплатить нам за недопоставку продукции неустойку в размере 2% суммы недопоставки, т. е. 800 руб. Указанную сумму просим Вас перечислить на наш расчетный счет № 103018 в АКБ «Юпитер».

О перечислении этой суммы просим сообщить в течение 10 дней по получении нашей претензии. В случае неперечисления причитающейся суммы, мы вынуждены будем предъявить иск о ее взыскании в арбитражный суд.

Директор завода	Подпись	Б. И. Романов
Главный бухгалтер	Подпись	Н. И. Васильева

перечисление 转账, 转汇
иск 诉讼
взыскание 追缴, 追偿

Приложения
附 录

附录八 Образцы написания адреса на почтовых отправлениях

Правилами оказания услуг почтовой связи, утвержденными в 1997 г., был установлен новый порядок написания адреса на почтовых отправлениях (в настоящее время действуют правила, утвержденные постановлением Правительства от 26 сентября 2000 г. № 725). К почтовым отправлениям относятся письма, почтовые карточки, бандероли и мелкие пакеты, посылки, почтовые контейнеры, печатные издания в соответствующей упаковке. На почтовых отправлениях адрес адресата пишется в следующей последовательности:

- наименование адресата (для юридического лица — полное или краткое наименование, для гражданина — фамилия, имя, отчество);
  收信人名称（如果收信人是法人，要写明全称或简称；如果收信人是个人，要写姓、名和父称）；

- название улицы, номер дома, номер квартиры;
  街道名称、楼号、房间(公寓)号；

- наименование населенного пункта (города, поселка и т. п.);
  居住地(城市、村镇等)名称；

- название области, края, автономного округа (области), республики;
  边疆区、州、自治(区)州、共和国名称；

- название страны (для международных почтовых отправлений);
  国名(国际邮件)；

- почтовый индекс.
  邮政编码

邮政编码和信封书写样例：

От кого　Петрова
　　　　　Ильи Александровича
Откуда　ул. Вольная, д. 14, кв. 35
　　　　　г. Москва

Марка

Индекс места отправления
125582

Кому　　Гусеву
　　　　　Ивану Сергеевичу
Куда　ул. Победы, д. 20, кв. 20
　　　　　г. Санкт-Петербург

Индекс места назначения
606480

（收件人为个人）

От кого　АО «Кудесник»

Откуда　ул. Оршанская, д. 7
　　　　　г. Москва

Марка

Индекс места отправления
121552

Кому　　АО «Оракул»

Куда　ул. Новый Арбат, д. 20
　　　　　г. Москва

Индекс места назначения
119019

（收件人为法人）

俄语应用文写作

　　对于国际信函，如果是从中国寄往俄罗斯的，收件人地址可以用俄文或英文书写，为方便中国邮政部门分检，应用中文注明"寄往俄罗斯某市（州）"；如果书信是从俄罗斯寄往中国，收信人的地址可以用中文或英文书写，但开头应注明"КНР（Китай），г. ХХХ"字样，便于俄罗斯邮政部门分检。

　　如今特快专递（экспресс-почта）业务已经非常普遍，下面列举两种特快专递信封的书写样式：

（国际业务）

（俄罗斯国内业务）

Слова и выражения

生词及短语

- почтовая связь 邮政事务
- контейнер 集装箱

附录九　贸易术语《ИНКОТЕРМС 2000》部分介绍

《国际贸易术语解释通则》旨在为国际贸易中最普遍使用的贸易术语的解释提供一套国际规则，以避免因各国解释不同而产生的不确定性，或至少尽量减少这种不确定性。

为了便于理解，《国际贸易术语解释通则》将所有的术语分为 4 类。

第一组为"E"组（EXW），指卖方仅在自己的所在地为买方备妥货物；

Группа E Отправление E 组（发货）	
EXW	Франко завод （... название места） 工厂交货（……指定地点）

第二组为"F"组（FCA、FAS 和 FOB），指卖方需将货物交至买方指定的承运人；

Группа F Основная перевозка не оплачена. F 组（主要运费未付）	
FCA	Франко перевозчик （... название места назначения） 货交承运人（……指定目的地）
FAS	Франко вдоль борта судна （... название порта отгрузки） 船边交货（……指定装运港）
FOB	Франко борт （... название порта отгрузки） 船上交货（……指定装运港）

第三组为"C"组（CFR、CIF、CPT 和 CIP），指卖方须订立运输合同，但对货物灭失或损坏的风险以及装船和启运后因意外而产生的额外费用，卖方不承担责任；

Группа C Основная перевозка оплачена. C 组（主要运费已付）	
CFR	Стоимость и фрахт （... название порта назначения） 成本加运费（……指定目的港）
CIF	Стоимость, страхование и фрахт （... название порта назначения） 成本、保险费加运费（……指定目的港）
CPT	Фрахт/перевозка оплачены до （... название места назначения） 运费付至（……指定目的地）
CIP	Фрахт/перевозка и страхование оплачены до （... название места назначения） 运费、保险费付至（……指定目的地）

第四组为"D"组（DAF、DES、DEQ、DDU 和 DDP），指卖方须承担把货物交至目的地国所需的全部费用和风险。

Группа D Прибытие D 组（到达）	
DAF	Поставка до границы (... название места доставки) 边境交货（……指定运达地点）
DES	Поставка с судна (... название порта назначения) 目的港船上交货（……指定目的港）
DEQ	Поставка с пристани (... название порта назначения) 目的港码头交货（……指定目的港）
DDU	Поставка без оплаты пошлины (... название места назначения) 未完税交货（……指定目的地）
DDP	Поставка с оплатой пошлины (... название места назначения) 完税后交货（……指定目的地）

附录十 外贸合同

Контракт № 10/08/2004	Contract № 10/08/2004
Харьков, Украина 10 августа 2004 **Продавец**: ―――――――――― Китай, в лице _____, действующего на основании Устава, с одной стороны, и **Покупатель**: **ООО предприятие** _____, Украина, в лице директора _____, действующего на основании Устава, с другой стороны, вместе именуемые «Стороны», заключили настоящий Контракт о нижеследующем:	Kharkiv, Ukraine 10 August 2004 **The seller**: ―――――――――― China, on behalf of _____, working on the basis of the charter on the one part and **The buyer**: _____ Company Ltd, on behalf of _____, president, working on the basis of the charter on the other part, Referred to collectively as Sides, have concluded the present Contract for the following:
1. Предмет контракта Продавец обязуется предоставить и передать в собственность покупателя, а Покупатель обязуется принять и оплатить ультра высокомолекулярный полиэтилен (М3А), в дальнейшем «Товар», в количестве 2000,00 кг.	1. Subject of the contract 1.1 The Seller would sell and the buyer would buy Ultra High Molecular Weight Polyethylene (М3А), later referred to as **the Product**, in a quantity of 2000.00 kilograms.
2. Цена на Товар и общая сумма Контракта Цена на Товар устанавливается в долларах США и составляет 1,6 доллара за килограмм.	2. Price of Product and Total Value of the Contract 2.1 The price of the Product is set in US Dollars and it is 1.6 Dollars per kilogram

Общая стоимость Контракта составляет 3200,00 (три тысячи двести) долларов США.	2.2 The total value of the Contract makes 3200.00 (three thousand and two hundred) US Dollars
3. Сроки и условия поставки Поставка Товара по данному Контракту осуществляется на условиях CIF г. Одесса в течение 15 дней с момента поступления денежных средств на счет Продавца. Основанием для поставки партии Товара является письменная заявка Покупателя. Датой поставки считается дата предоставления Товара Покупателю.	**3. Timing and Terms of delivery** 3.1 Delivery of the Product according to the Contract is made CIF Odessa during the maximum of 15 days after the correct bank transfer is received by the Seller 3.2 The Buyer's written order for the delivery of the Product serves as the basis for delivery 3.3 The date when the Buyer receives the Product is regarded as the date of delivery
4. Порядок расчетов Валютой платежа по настоящему Контракту являются доллары США. Оплата осуществляется путем 100% предоплаты, на основании счета-фактуры, выставляемого Продавцом. Форма оплаты — банковский перевод на счет Продавца. Покупатель в течение 24 часов извещает Продавца об осуществлении платежа.	**4. Terms of Payment** 4.1 The currency of payment is set as US Dollars 4.2 Down payment of 100% of the Product's value is agreed by Swift transfer of US Dollars to the Seller's account, accordingly to the Seller's invoice 4.3 The form of payment — bank transfer to the Seller's account. 4.4 The Buyer is to notify the seller within 24 hours after the transfer is made

5. Условия сдачи-приемки Товара Прием товара по количеству производится согласно товаросопроводительным документам, по качеству — согласно документам, удостоверяющим качество Товара. Продавец предоставляет следующие сопроводительные документы: ➢ - оригинал счета-фактуры; ➢ - товарную накладную; ➢ - сертификат качества; ➢ - таможенную декларацию; ➢ - упаковочный лист.	5. Terms of Delivery and Receiving of the Product 5.1 The receiving of the Good according to its quantity is made as stated in the documents provided with the Product at the time of delivery; according to quality — as stated in the documents confirming the quality of the Product 5.2 The Seller provides the following documents with the Product: ➢ the original of the invoice ➢ the waybill of the Product ➢ certificate of Quality ➢ Customs declaration ➢ Packing order
6. Тара и упаковка Товар поставляется в мешках по 25 кг. Вся тара является одноразовой, безвозвратной и входит в стоимость Товара.	6. Tare and Packing 6.1 The Product is delivered in bags of 25kg each. 6.2 The packing shall be of one-way non-return type and included into the price of the Product
7. Гарантийные обязательства 7.1 Продавец несет гарантийные обязательства за поставленный Товар согласно техническим условиям на выпускаемые изделия.	7. Terms of Warranty 7.1 The seller has warranty liabilities in terms of the Product's quality according to the technical conditions for this type of good.

8. Санкции и рекламации	8. Sanctions and Reclaims
В случае нарушения сроков оплаты Покупателем или сроков поставки Продавцом, виновная сторона оплачивает потерпевшей стороне пеню за каждый день просрочки в размере 0,5% от суммы неоплаченной или недопоставленной части Товара соответственно. Оплата пени не освобождает Стороны от выполнения своих обязательств.	8.1 If the Buyer fails to meet the terms of payment or the Seller fails to meet the terms of delivery, the guilty Party has to pay the other Party the penalty of 0.5% of the price of the non-paid or non-delivered quantity of the Product respectively for every day of delay 8.2 The payment of the penalty does not free the Sides from their other commitments according to this Contract.
9. Форс-мажор	9. Force Majeure
В случае наступления обстоятельств непреодолимой силы (пожар, землетрясение, наводнение, эмбарго, блокада, военные действия, принятие нормативно-правовых актов, препятствующих выполнению настоящего договора и др.), документально подтвержденных соответствующими органами, Сторона, для которой возникли указанные обстоятельства, должна в течение 5 дней известить другую Сторону об их наступлении и прекращении. Обстоятельства форс-мажор отодвигают сроки выполнения обязательств по настоящему Контракту на период действия таких обстоятельств. В случае продолжения обстоятельств форс-мажор в течение 4-х месяцев подряд, каждая из Сторон имеет право отказаться от дальнейшего исполнения обязательств по настоящему Контракту с незамедлительным проведением всех взаиморасчетов.	9.1 If the circumstances of exceptional force arise (such as fires, earthquake, flood, embargoes, blockade, war, administrative acts which in some way stop the Sides to function according to this Contract, etc), which are confirmed officially, the Party, for which these circumstances arose, has to notify the other Party within 5 days about their beginning and end. 9.2 The force majeure circumstances move the period of performing the obligations according to the contract while the exceptional circumstances continue 9.3 If the force majeure circumstances continue for 4 months in a row, each of the Sides has the right to be released from performing its obligations according to the present Contract, with the immediate payment of all debts or excesses by each Party.

10. Арбитраж 10.1 Любые споры, возникающие по данному Контракту, разрешаются Сторонами путем переговоров. 10.2 В случае недостижения Сторонами согласия, спор передается на рассмотрение в Международный коммерческий арбитраж при торгово-промышленной палате Украины в г. Киеве. 10.3 Правом, регулирующим настоящий Контракт, является материальное и процессуальное право Украины.	10. Arbitrage 10.1 Any disagreements which arise about this Contract are to be solved by the Sides by discussion and agreement. 10.2 If the Sides do not reach an agreement, the argument is to be resolved by International Commercial Arbitrage in Trade and Industry Chamber of Ukraine in Kiev. 10.3 The law which regulates this Contract is the Ukrainian law.
11. Заключительные положения 11.1 Контракт составлен на русском языке, в двух экземплярах, по одному для каждой из Сторон, имеющих равную юридическую силу. 11.2 Настоящий Контракт вступает в силу с момента его подписания и действует до _____ 11.3 Все изменения и дополнения к настоящему Контракту оформляются в письменной форме и подписываются полномочными представителями Сторон. 11.4 Копии настоящего Контракта, изменений и дополнений к нему, переданные по факсимильной связи, подписанные Сторонами и заверенные печатью, имеют юридическую силу и подлежат подтверждению Сторонами в течение 30 дней с момента получения копии. 11.5 При толковании настоящего Контракта имеет силу документ ИНКОТЕРМС 2000.	11. Other Terms 11.1 The contract is written in Russian, and is provided in two copies, one for each Party, which have equal juridical power. 11.2 The Contract becomes effective and comes into full force from the date of signing and is valid until _____ 11.3 All the amendments to the Contract shall be valid if set forth in a written document duly signed by authorized representatives of both Parties to the present contract. 11.4 The copies of the Contract, changes and amendments made to it, which are transferred by fax, signed by the Parties and authorized by stamp have the complete legal force and are to be confirmed by the Parties in 30 days from the date when the copy was received. 11.5 The INCOTERMS 2000 document has the legal power when the contract is discussed.

续表

12. Юридические адреса и реквизиты Сторон	12. Legal Addresses of the Parties
Покупатель： Директор _____ Продавец： Address：	The Buyer： President _____ The Seller Address：

Слова и выражения

生词及短语

- заключить настоящий Контракт о нижеследующем 签订本合同如下
- предмет контракта 合同对象
- ультра высокомолекулярный полиэтилен 超高分子聚乙烯
- цена на товар и общая сумма контракта 货物价格和合同总金额
- сроки и условия поставки 交货期限和条件
- порядок расчетов 结算方式
- предоплата 预付款
- условия сдачи-приемки товара 货物交接条件
- оригинал счета-фактуры 发货账单原件
- товарная накладная 货物运单
- сертификат качества 品质证明书
- таможенная декларация 海关报关单
- упаковочный лист 装箱单
- тара и упаковка 包皮和包装
- одноразовый 一次的
- безвозвратный 不能回收的
- гарантийные обязательства 保证条款
- санкция и рекламация 罚则和索赔
- форс-мажор 不可抗力
- эмбарго 禁运

俄语应用文写作

- арбитраж 仲裁
- вступать в силу 生效
- юридические адреса и реквизиты сторон 双方法定地址和要项

Упражнения
练　习

1. Переведите следующие предложения на русский язык.
   1) 回复贵方今年 8 月 23 日来函，我方已经准备就双方感兴趣的问题开始谈判。
   2) 恳请您对我们寄去的文章写篇评论。
   3) 非常感谢贵方 6 月 22 日的来函，我方现寄去参加贵展览中心春季展会的申请。
   4) 希望这次会见能进一步促进我们企业之间的互利合作。
   5) 如果贵方对与外国伙伴的合作感兴趣，请于 2002 年 1 月 31 日前将用户表格填好并寄给我方。
   6) 最近我公司对喷墨打印机和彩色扫描仪很感兴趣，请贵方考虑能否在今年 9 月上旬供货，并进行报价。
   7) 根据 2003 年 1 月 18 日第 71 号合同，贵方应于 2003 年 3 月 31 日前支付所收到商品的货款。
   8) 应贵方请求，现寄出八份我厂的产品目录。

2. Составьте деловые письма со следующими стандартными выражениями.
   1) Доводим до Вашего сведения, что...
   2) Мне хотелось бы предложить Вам...
   3) Имеем честь пригласить Вас на...
   4) Мы были вынуждены отказаться от Вашего приглашения...
   5) С удовлетворением подтверждаем...
   6) Считаем необходимым еще раз обратить Ваше внимание...
   7) Фирма "Эсто" гарантирует...
   8) Мы заинтересованы в срочной поставке...
   9) В ответ на Ваш запрос сообщаем, что можем предложить Вам...
   10) При этом направляем рекламацию в связи с...
   11) После получения Вашей претензии мы немедленно связались с заводом-изготовителем...

3. Переведите следующие письма на китайский язык.

1)

ЗАО «Монолит»
Проспект Мира, 45
Москва, Россия, 129110

Зав. отделом нежилых помещений
Управы «Мещанское» ЦАО г. Москвы
г-же Клюевой Г. М.

10.05.2005 № 31
На №_____

 Прошу дать заключение о возможности использования нежилого помещения по адресу нахождения (проспект Мира, 47) склада ОАО «Барс» для размещения обменного пункта валюты.

Генеральный директор   Подпись   И. И. Наумов

Цветкова Зоя Васильевна
221—34—67

2)

(ЭМБЛЕМА)
МЕЖДУНАРОДНЫЙ ЦЕНТР ПО ИНФОРМАТИКЕ
INTERNATIONAL CENTRE ON INFORMATICS

Ленинский проспект, 42, Москва, 117049	Leninsky Pr., 42, Moscow, 117049
Тел.: (495) 111—11—11	Tel.: (495) 111—11—11
Факс: (495) 222—22—22	Fax.: (495) 222—22—22
16.04.2002 № 01—09/53	На № _____ от _____

Председателю совета
директоров АО «Дилайн»
г-ну Петрову Д. Ф.

　　　　　　　　　　Уважаемый Дмитрий Федорович!

　　Искренне поздравляю Вас с избранием председателем совета директоров акционерного общества.

　　Надеюсь, что Ваш опыт и высокая профессиональная подготовка послужат дальнейшему укреплению положения Вашей организации в системе внешнеэкономических связей.

　　Рассчитываю на дальнейшее плодотворное сотрудничество.

Председатель　　　　　　　(подпись)　　　　　　К. Л. Харитонов

3)

　　　　　　　　　　　　　　　　　　　Директору ООО «Агат»
　　　　　　　　　　　　　　　　　　　г-ну Дорохову Н. К.

22.03.2003 № 274

О приемке продукции

На Вашу просьбу о приемке без нашего представителя продукции, поступившей к Вам 21 марта 2003 г., в соответствии с заключенным между нами договором № 205 от 10 ноября 2002 г. мы даем согласие.

Директор ОАО «Орел»　　　　Подпись　　　　В. И. Викторов
　　　　　　　　　　　　　　Печать

4)

АДМИНИСТРАЦИЯ ПРЕЗИДЕНТА РОССИЙСКОЙ ФЕДЕРАЦИИ
УПРАВЛЕНИЕ ПРЕЗИДЕНТА РОССИЙСКОЙ ФЕДЕРАЦИИ ПО
СВЯЗЯМ С ОБЩЕСТВЕННОСТЬЮ И КУЛЬТУРЕ
Старая площадь, д. 4, п. 6, Москва, 102132
тел. (495) 206—53—69

Директору
Института русского языка
имени В. В. Виноградова
Российской академии наук
А. М. Молдовану

3 марта 2008 г.

Уважаемый Александр Михайлович!

На имя Руководителя Администрации Президента Российской Федерации Н. Н. Бордюжи поступило обращение Председателя Госсовета Республики Татарстан Ф. Х. Мухаметшина, касающееся проблемы корректности употребления политиками и журналистами названия «Татария» применительно к данному субъекту Российской Федерации.

Направляя Вам копию письма, просим рассмотреть его и высказать мнение по затронутому вопросу для доклада руководству Администрации Президента Российской Федерации и ответа автору.

Приложение: на 2 л. в 1 экз.

С уважением

Начальник Управления   Подпись   Д. Молчанов

5)

ООО «ФОРТУНА»	
Трубная ул., д. 78, корп. 9, Москва	ДИРЕКТОРУ АО «ЮНАР» г-ну Бобровскому Ю. И.
Тел. (495) 123—45—67	
	Трубниковский пер., 45 Москва, 121069

26.12.2007 № 089/322
На № 456 от 24.12.2007

О возобновлении поставок

      Уважаемый господин Бобровский!

 Сообщаем Вам, что оплата партии комплектующих произведена нашей фирмой в день поступления товара на склад предприятия в г. Калининграде. Для подтверждения оплаты направляем Вам копию платежного поручения от 20.12.2007 № 890.

 Рассчитываем на продолжение взаимовыгодного сотрудничества.

Коммерческий директор   Подпись   М. П. Иванов

Ключ к упражнению 1

1) В ответ на Ваше письмо от 23 августа с. г. сообщаем, что мы готовы начать переговоры по интересующим нас вопросам.

2) Просим не отказать нам в любезности и дать отзыв на статью, которую мы Вам пересылаем.

3) Выражаем Вам благодарность за письмо от 22 июня и направляем Вам заявку на участие в весенней экспозиции Вашего Выставочного центра.

4) Надеемся, что эта встреча послужит дальнейшему укреплению взаимовыгодного сотрудничества между нашими предприятиями.

5) Если Ваша организация заинтересована в сотрудничестве с зарубежными партнерами, просим заполнить анкету клиента и вернуть ее нам до 31 января 2002 г.

6) В ближайшее время мы заинтересованы в поставках принтеров струйных и сканеров цветных, просим оценить возможность осуществления поставок в первой декаде сентября с. г. через вашу фирму и при положительном решении направить нам соответствующую оферту.

7) В соответствии с заключенным между нами контрактом № 71 от 18 января 2003 г. Вы обязаны оплатить полученные товары до 31 марта 2003 г.

8) В соответствии с Вашей просьбой высылаем 8 экземпляров каталога продукции нашего завода.

Глава IV Дипломатические документы
第四章　外交文书

Дипломатические документы — это переписка глав государства, правительства, ведомства иностранных дел с соответствующими иностранными государствами, дипломатическими представительствами этих государств, международными организациями, а также переписка дипломатических представительств между собой.

外交文书是国家元首、政府、外交部门与他国及其外交代表机构、国际组织进行联络的书信,外交文书也使用于外交代表机构之间。

Поскольку все дипломатические документы являются официальными, большое значение имеет правильный выбор вида документа: он должен соответствовать данному конкретному случаю. При этом следует исходить главным образом из содержания документа, хорошо знать технику дипломатической переписки и учитывать традиции страны пребывания. К составлению дипломатических документов предъявляются особые требования, так как самые незначительные ошибки и описки могут иметь серьезные последствия. Дипломатический документ требует ответа. Отсутствие ответа будет воспринято как ответ определенного негативного характера.

由于所有的外交文书都是官方正式函件,因此正确地选择与具体情况相符的文书种类意义重大。主要需要考虑文书内容,精通外交文书撰写技术要求和考虑驻在国的传统习惯。撰写外交文书有特殊的要求,因为最微小的差错和笔误都可能带来严重的后果。外交文书需要回复,不予回复将被视为某种否定的回复。

описка 笔误
последствие 后果
негативный 否定的

Дипломатическая переписка обычно ведется на языке своей страны. Однако к официальному тексту может быть приложен перевод на иностранный язык, когда имеется намерение довести до адресата как можно быстрее содержание документа, а также предотвратить возможные неточности, которые могут быть допущены при переводе документа адресатом. Как бы ни были важны форма и атрибуты вежливости в дипломатическом документе, приоритет все же следует отдавать содержанию, ясности изложения, логичности мысли, доказательности фактов, учету особенностей адресата и возможной реакции с его стороны. Язык дипломатических документов прост, лаконичен, редко используются сравнения, эпитеты. Однако к месту примененный художественный образ может усилить выразительность документа.

В дипломатической практике наиболее традиционными являются следующие виды дипломатической переписки: личные ноты, вербальные ноты, памятные записки, меморандумы, частные письма полуофициального характера, коммюнике, телеграмма, послания, заявления глав государств, правительств, министров иностранных дел по вопросам международных отношений и др. В данной главе будем анализировать наиболее распространенные виды дипломатических документов.

外交通信通常使用本国文字。如果希望将文件内容尽快传达给收文人，或为了预防收文人翻译文件时可能出现偏差，正式文本可附外文译文。无论外交文书的形式和礼节用语多么重要，最重要的还是其内容、表述的清晰性、思想的逻辑性、事实的说服力，还要考虑到收文人的特点及其可能的反应。外交文书的语言平实简洁，很少使用比喻及修饰语。但恰到好处地使用文学手段可以增强文书的表现力。

> предотвратить 预防
> атрибут 定语，修饰语
> приоритет 优先

在外交活动中最传统的外交文书类型有：正式照会、普通照会、说贴、备忘录、外交便函、公报、外交电报、咨文以及国家元首、政府首脑和外交部长关于国际关系发表的声明等等。本章只介绍几种较常用的外交文书。

> личная нота 正式照会
> вербальная нота 普通照会
> памятная записка 说贴
> частное письмо полуофициального
>   характера 外交便函
> коммюнике 公报
> послание 咨文

1. Личная нота
正式照会

Личная нота направляется по вопросам важного и принципиального характера или содержит официальную информацию о каком-либо крупном событии (изменение названия государства, формирование нового правительства, важный вопрос двусторонних или многосторонних отношений и т. п.).

正式照会用于处理重要的和原则性的问题或者正式通知某重大事件，如通知国家名称的变更，新政府的组建、双边和多边关系中的重要问题等。

正式照会由国家元首、政府首脑、外交部长、大使、代办、临时代办等人签署发出，并用第一人称撰写。对正式照会收文人有严格的要求，称呼通常放在文内左上角，后用逗号，常用称呼语为：

Министру（部长）：
- господин Министр（部长先生），Ваше превосходительство（阁下）；

Послу（大使）：
- господин Посол（大使先生），Ваше превосходительство（阁下）；

Посланнику（公使）：
- господин Посланник（公使先生），господин Министр（公使先生）；

Временному поверенному в делах（临时代办）：
- господин Поверенный в делах（代办先生）①。

Если временный поверенный в делах — советник в ранге посланника,如果代办是公使衔参赞，则为：Господин Министр（公使先生）。

В Англии — обязательно упоминание дворянского титула адресата (сэр, лорд и т. д.).
在英国，须写明收文人的贵族爵位（爵士，勋爵等）。

К лицам духовного звания:
对宗教界人士称呼为：

К папе（教皇）：— Ваше святейшество（至圣的）；

К кардиналу（红衣主教）：
- Ваше преосвященство（主教,主教大人）；

К архиепископу（大主教）：
- милорд；Ваша милость（阁下；大人）；

духовное звание 宗教界

---

① 在致临时代办的正式照会中，"临时"一词通常省略。

К священнику(神甫)：

— Ваше преподобие；сэр；господин；аббат(神甫大人；先生；先生；神甫)。

俄语正式照会中对收文人的称呼和第二人称各格形式，无论在句首还是在句中，都用大写。

汉语正式照会除抬头中需要加称呼外，还要在抬头下另起一行时加上称呼，后用冒号，如：

××国外交部长×××阁下

阁下：

正式照会正文通常以句式"Имею честь..."开始，具体措词可视不同情况适当变动。正式照会的结束语也有固定的致敬语：

致总理、部长或大使："Прошу Вас（указывается должность）принять уверения в моем весьма высоком уважении"；致副部长、公使、公使衔参赞："Прошу Вас（указывается должность）принять уверения в моем высоком уважении"；致非公使级的临时代办："Прошу Вас, Господин Поверенный в делах, принять уверения в моем глубоком уважении"。中文为："此致崇高的敬意"。随着外交文书的逐渐简化、各国领导人之间关系的日益密切，正式照会的结尾致敬语也出现了带个人色彩的倾向，如："Искренне Ваш"（忠于您的），"С уважением"（此致　敬礼）等。正式照会的致敬语也可以重复使用所收到照会的致敬语。自20世纪50年代以来，政府之间也开始交换照会用于讨论重要的国际问题，这类照会的致敬语可以是："Правительство Российской Федерации свидетельствует свое уважение..."（俄罗斯联邦政府向……致意）。

正式照会除发文人亲笔签署外，不另加盖机关印章或私人印章，但应注明签署人职衔。正式照会一般打印在优质照会纸上，其中称呼和致敬语也可以手写，以示对收文人的尊重。

正式照会收文人地址按称呼、姓名、职衔及所在城市的顺序放在照会首页左下角。如：

Господину _____,

Чрезвычайному и Полномочному Послу

Республики Замбии

г. Москва

由于地方习俗的不同和出于相互尊重的原则，可以在收文人称呼及姓名前面加上爵位或封号，如：

Его Превосходительству

Господину _____,

Чрезвычайному и Полномочному Послу

Республики Индии

г. Москва

或者

Е. П. Г-ну _____,

Чрезвычайному и Полномочному Послу

чрезвычайный и полномочный посол 特命全权大使

Республики Индии

г. Москва

汉语正式照会抬头放在文内左上角,顺序是职衔、姓名、称呼。

如:俄罗斯联邦总统梅德韦杰夫阁下。

俄文正式照会样例:

```
                                    Посольство
                                    Российской Федерации
                                    г. ____ ____ апреля 20 ____ г.
```

Уважаемый г-н Посол,

Имею честь сообщить, что ____ апреля 20 ____ года я вручил Его Превосходительству господину Президенту _____ верительные грамоты, которыми Президент Российской Федерации Д. А. Медведев аккредитует меня в качестве Чрезвычайного и Полномочного Посла в _____.

Выражая свое удовлетворение тем, что я призван таким образом поддерживать с Вами официальные и личные отношения, которые будут соответствовать дружественным отношениям, существующим между нашими странами, прошу Вас, господин Посол, принять уверения в моем весьма высоком уважении.

(Личная подпись)

Господину _____,
Чрезвычайному и Полномочному Послу
_____
г. _____

> верительная грамота (就任)国书
> аккредитовать 派任,派驻

中文正式照会样例:

(××)××字第××号

××国特命全权大使××阁下

阁下:

我已于20××年×月×日向××国主席(总统、国王)××阁下(陛下)递交了中华人民共和国主席×××阁下任命我为中华人民共和国驻××国特命全权大使的国书。

我在就任时，诚恳地向阁下表示，我将尽力同你建立良好的联系，以加强我们两国之间的友好关系。

顺致最崇高的敬意。

中华人民共和国驻××国

特 命 全 权 大 使（签字）

20××年×月×日于××

Образцы:

(1)

Министерство иностранных дел Китайской Народной Республики
г. Пекин _____ августа 20 _____ г.

Ваше Превосходительство,

Имею честь уведомить Вас, что до вступления на свой пост Чрезвычайного и Полномочного Посла Китайской Народной Республики в _____ я назначил советника посольства Китайской Народной Республики в _____, господина _____ Временным поверенным в делах, который будет руководить работой по учреждению посольства.

Рекомендую Вам, Вашему Превосходительству, господина _____ и прошу Вас принять его и не отказать ему во всяком содействии, необходимом ему для выполнения возложенных на него обязанностей.

Пользуясь случаем, прошу Вас, Ваше превосходительство, принять уверения в моем самом высоком к Вам уважении.

Министр иностранных дел
Китайской Народной Республики
(Подпись)

Его Превосходительству
Господину _____
Министру иностранных дел
_____
г. _____

(2)

Президент Российской Федерации

Его Превосходительству Господину Альваро Урибе Велесу,
Президенту Республики Колумбии

Ваше Превосходительство,

Следуя политике укрепления сотрудничества между народами и желая способствовать развитию дружественных отношений между Российской Федерацией и Республикой Колумбией, я решил аккредитовать при Вас, Ваше превосходительство, господина _____ и прошу принять его с благосклонностью и верить всему тому, что он будет иметь честь излагать Вам от моего имени и от имени Правительства Российской Федерации.

В. Путин

Москва, Кремль,
«__» ____ 2003 года

Скрепил И. Иванов
Министр Иностранных Дел
Российской Федерации

благосклонность 好意，好感
скрепить 副署

2. Вербальная нота
普通照会

Вербальная нота — наиболее распространенный в настоящее время дипломатический документ. Министерства иностранных дел и посольства ведут дипломатическую переписку в основном путем направления вербальных нот. Вербальные ноты используются для рассмотрения и решения широкого круга вопросов. В них излагаются политические, экономические, научно-технические и другие проблемы как двустороннего, так и многостороннего характера. Нотами также запрашиваются визы, доводится

普通照会是现今最常用的一种外交文书。外交部和使馆之间主要通过互换普通照会来进行外交通信。普通照会处理的事务非常广泛，大到陈述政治、经济、科技和其他双边及多边问题，小到申请签证、通报使馆关于组织外交使团国内旅行的信息、邀请外交官出席国庆节活动的信息等等。

до посольств информация об организации поездок дипломатического корпуса по стране, о приглашении дипломатов на мероприятия по случаю национального праздника страны и т. д.

дипломатический корпус 外交使团
возобновить 恢复

普通照会同正式照会的最大区别在于普通照会是用第三人称书写的文书,它称对方亦用第三人称,不可用"贵方"或"贵馆"等措词,而是重提受照机关的名称。普通照会不用签署,而是由发文机构在正本上盖公章。普通照会虽然不如正式照会正式,但其内容却未必都不如正式照会重要。

中文的普通照会也像正式照会一样有称呼,如×××国驻华大使馆。但俄文普通照会没有称呼,而是以句式"Посольство Российской Федерации свидетельствует свое уважение Министерству иностранных дел... и имеет честь сообщить следующее..."(俄罗斯联邦大使馆向×××外交部致意,并谨通知如下:……)开头,以句式"Посольство пользуется этим случаем, чтобы возобновить Министерству уверения в своем весьма высоком уважении"(顺致(最)崇高的敬意)结束。有时"пользуется случаем"省略不用,比如在通告有外交官人员伤亡的照会中,使用"пользуется случаем"显然是不合适的。这种情况可以使用其他致敬语,如:"Министерство возобновит Посольству уверения в своем весьма высоком уважении."。如果某国外交部普通照会是对其他国家使馆照会的回复,可以使用下列句式,如:"Министерство иностранных дел Российской Федерации свидетельствует свое уважение Посольству Франции и в связи с нотой Посольства № _____ от _____ (число, месяц, год) имеет честь сообщить следующее..."(俄罗斯联邦外交部向法国大使馆致意,并谨就法国使馆某年某月某日第×××号照会通知如下……)。在表示抗议,通知哀悼的普通照会中致敬语可以省略不用。出于互相尊重的原则,个别国家的外交文书不使用致敬语。国与国之间正式文书、文件中第一次出现的官方机构名称应用全称,重复出现时可以用其简称。

普通照会受照机关的地址位于首页的左下角,如:
Посольству
Венгерской Республики
г. Москва

Министерству иностранных дел
Республики Конго
г. Браззавиль

普通照会有发照号(исходящий номер)、编码(шифр)和发照日期(дата отправления),如:№ 14/1 ДЕ 或 27/ ДГП。发照号和编码位于首页左上角,发照日期和地点位于普通照会正文的下方。

普通照会以同样内容普遍分发给当地各外交代表机关的,亦称通告照会。例如,外交部用以向外交使团发送各种事务性通知、规定、条例等照会,以及向各外交代表机关通知大使、临时代办离任、返任,外交官到、离任、节假日等。这类通告照会可复印,受照机关可写"各国驻××国外交代表机关"。

俄文普通照会样例：

MИНИСТЕРСТВО ИНОСТРАННЫХ ДЕЛ
РОССИЙСКОЙ ФЕДЕРАЦИИ

№ 3/1   ДГП

  Министерство иностранных дел Российской Федерации свидетельствует свое уважение Посольству _____ и в ответ на его ноту № 0108 от 15 февраля 2008 года имеет честь сообщить, что российские компетентные органы не имеют возражений против назначения генерал-майора авиации _____ военным и военно-воздушным атташе при Посольстве _____ в Российской Федерации.

  Министерство пользуется случаем, чтобы возобновить Посольству уверения в своем самом высоком уважении.

Москва, 22 февраля 2008 года

Посольству
г. Москва

компетентные органы
 主管机关
генерал-майор авиации
 空军少将
военно-воздушный атташе
 空军武官

中文普通照会样例：

（××）部×字第××号

××国驻华大使馆：

  中华人民共和国外交部向××国驻华大使馆致意，并谨就×××问题申述如下：

  ××。

  顺致最崇高的敬意。

（盖外交部带国徽铜印）

20××年×月×日于北京

Образцы:

(3)

МИНИСТЕРСТВО ИНОСТРАННЫХ ДЕЛ РОССИЙСКОЙ ФЕДЕРАЦИИ

№ 54/ Дгп

Министерство иностранных дел Российской Федерации свидетельствует свое уважение Посольствам в Москве и, ссылаясь на ноту № 82/Дгп от _____, имеет честь информировать о внесении дополнений в Основные положения государственной протокольной практики Российской Федерации (Государственного протокола Российской Федерации), касающихся приема глав иностранных государств.

Визиты по характеру приема подразделяются на: государственные визиты, официальные визиты, рабочие визиты, визиты проездом, неофициальные (частные) визиты.

визиты проездом 顺路访问

ВИЗИТЫ В РОССИЙСКУЮ ФЕДЕРАЦИЮ ГЛАВ ИНОСТРАННЫХ ГОСУДАРСТВ

Государственные визиты

Государственные визиты являются высшей категорией визитов в Россию глав иностранных государств.

При государственных визитах предусматриваются следующие мероприятия.

1. *Встреча (проводы) в Москве*

2. *Размещение в Москве*

3. *Переговоры, беседы, подписание документов*

4. *Возложение венков*

5. *Обед*

6. *Посещение театра*

7. Поездка по стране

_____

8. Памятные подарки

_____

Министерство пользуется случаем, чтобы возобновить Посольствам уверения в своем весьма высоком уважении.

Москва, _____ г.

(4)

中华人民共和国驻俄罗斯联邦大使馆
Посольство Китайской Народной Республики
в Российской Федерации

Посольство Китайской Народной Республики в Российской Федерации свидетельствует свое уважение Федеральному Государственному Унитарному Предприятию Управления делами Президента Российской Федерации и имеет честь просить не отказать в любезности оказать содействие в заказе VIP-зала в аэропорту Шереметьево-2 для _____. Он прилетает из Пекина в Москву _____ рейсом _____, а вылетает из Москвы в Пекин _____ рейсом _____.

Посольство гарантирует оплату и пользуется случаем, чтобы возобновить Предприятию уверения в своем высоком уважении.

Москва, ____ 200 __ г.

ФЕДЕРАЛЬНОМУ ГОСУДАРСТВЕННОМУ УНИТАРНОМУ ПРЕДПРИЯТИЮ УПРАВЛЕНИЯ ДЕЛАМИ ПРЕЗИДЕНТА РОССИЙСКОЙ ФЕДЕРАЦИИ

Федеральное Государственное Унитарное Предприятие 联邦国家单一制企业
Управление делами Президента Российской Федерации 俄罗斯联邦总统事务局

(5)

МИНИСТЕРСТВО ИНОСТРАННЫХ ДЕЛ
РОССИЙСКОЙ ФЕДЕРАЦИИ

№ 169 /Дгп

 Министерство Иностранных Дел Российской Федерации свидетельствует свое уважение Посольствам и Представительствам Международных Организаций и имеет честь сообщить следующее.

 По решению Правительства Российской Федерации Русским Деловым Агентством совместно с Государственным комитетом Российской Федерации по поддержке и развитию малого предпринимательства, Федеральным фондом поддержки малого предпринимательства и Торгово-промышленной палатой Российской Федерации подготовлено и выпущено в свет трехтомное издание на русском и английском языках "Российское предпринимательство. История и возрождение".

 Министерство пользуется случаем, чтобы возобновить Посольствам и Представительствам Международных Организаций уверения в своем весьма высоком уважении.

               Москва, _____ г.

ВСЕМ ПОСОЛЬСТВАМ И
ПРЕДСТАВИТЕЛЬСТВАМ
МЕЖДУНАРОДНЫХ ОРГАНИЗАЦИЙ
 г. Москва

торгово-промышленная палата 工商会

3. Меморандум
备忘录

Меморандум представляет собой дипломатический документ, в котором излагаются взгляды дипломатических представительств по какому-либо вопросу. И содержатся его фактическая, документальная и юридическая стороны. Меморандум может быть либо приложением к личной или вербальной ноте, либо самостоятельным документом, передаваемым лично или пересылаемым с курьером.

备忘录是外交代表机构之间使用的一种外交文书，用来陈述对某一问题的观点及其在事实、论据、法律等方面的细节。备忘录既可作为正式照会或普通照会的附件，亦可作为单独文件面交或通过信使送交对方。

Меморандум как приложение к личной ноте печатается на нотной бумаге без герба; номер, печать, место (город) и дата отправления не ставятся. Меморандум, вручаемый лично, печатается на нотном бланке, обращения и комплимента не имеет. Печать и номер на нем не ставятся, однако указываются место и дата отправления.

作为正式照会附件的备忘录使用不带国徽的照会纸,不编号,不写抬头,不盖章,不写时间和地点;面交的备忘录使用照会纸,无客套语、致敬语,不编号,不盖章,但要标明时间和地点。

俄文备忘录样例：

МЕМОРАНДУМ РФ ПРАВИТЕЛЬСТВУ ФИНЛЯНДИИ

_____ г.

Главную заботу Российской Федерации в переговорах с Финляндским правительством составляют два момента: а) _____, б) _____.

Необходимыми условиями для всего этого являются: во-первых, _____; во-вторых, _____.

Исходя из изложенных соображений, необходимо разрешить по взаимному соглашению и в интересах обеих сторон следующие вопросы:

1) _____.

2) _____.

中文备忘录样例：

备　忘　录

根据××国政府关于××××协定的建议,中国政府表示同意进行签订该协定的谈判。

中国政府的意见,在××××协定中应包括下列各款：

…………

…………

当然上述各款可按双方愿望补充或变更。

请将上述事宜转达贵国政府。

20××年×月×日于×地

近年来，备忘录在外交实践中经常作为一种国际协议而使用，表示"双方（多方）经过协商、谈判达成共识后，用文本的方式记录下来"，这种备忘录经常被译为谅解备忘录（меморандум о взаимопонимании）或合作备忘录（меморандум о сотрудничестве）。此类备忘录需要经达成一致的双方或多方签字才具有法律效力。

Меморандум о взаимопонимании по сотрудничеству и обменам между Федеральным агентством по печати и массовым коммуникациям и Пресс-канцелярией Государственного совета Китайской Народной Республики

В целях реализации Соглашения между Правительством Российской Федерации и Правительством Китайской Народной Республики о культурном сотрудничестве от 18 ноября 1992 г. и дальнейшего развития сотрудничества и обменов в области средств массовой информации между Российской Федерацией и Китайской Народной Республикой Федеральное агентство по печати и массовым коммуникациям и Пресс-канцелярия Государственного совета Китайской Народной Республики, далее именуемые «Стороны», согласились осуществить следующие меры, основанные на принципах равенства и взаимной выгоды:

Статья 1

Стороны предпринимают активные усилия по проведению консультаций и установлению долгосрочного сотрудничества.

Статья 2

....

Статья 3

Стороны в рамках своей компетенции будут создавать благоприятные условия для деятельности организаций средств массовой информации государства одной Стороны, а также их представительств и корреспондентских пунктов, на территории государства другой Стороны.

Статья 4

Стороны поощряют проведение конкурсов, семинаров и симпозиумов с участием представителей средств массовой информации обеих стран.

«Меморандум о взаимопонимании по сотрудничеству и обменам между Федеральным агентством по печати и массовым коммуникациям и Пресс-канцелярией Государственного совета Китайской Народной Республики»《中华人民共和国国务院新闻办公室与俄罗斯联邦出版与大众传媒署合作与交流谅解备忘录》
симпозиум 讨论会，座谈会

Статья 5

Стороны выражают готовность оказывать содействие в информационном сопровождении мероприятий культурного характера, которые будут проводиться на территории Российской Федерации и Китайской Народной Республики в целях расширения культурного и информационного обмена между двумя странами.

Статья 6

....

Статья 7

Стороны решают все вопросы, не нашедшие отражения в данном Меморандуме, путем взаимных консультаций.

Настоящий Меморандум вступает в силу с даты подписания и действует в течение двух лет. Действие Меморандума будет автоматически продлеваться на последующие двухлетние периоды, если ни одна из Сторон не направит другой Стороне за шесть месяцев до окончания соответствующего периода уведомление о своем намерении прекратить действие настоящего Меморандума. Прекращение действия настоящего Меморандума не будет влиять на программы и проекты, осуществление которых уже началось, а также не будет затрагивать действия документов, заключенных на его основе.

Совершено в Пекине 24 мая 2007 г. в двух экземплярах, каждый на русском и китайском языках, причем оба текста имеют одинаковую силу.

За Федеральное агентство по печати и массовым коммуникациям

_____ М. В. Сеславинский

За Пресс-канцелярию Государственного совета Китайской Народной Республики

_____ Цай У

Памятная записка передается лично в ходе беседы (встречи) или направляется после нее с курьером, цель ее — подчеркнуть важность сделанного во время беседы устного заявления или просьбы, облегчить дальнейшее продвижение дела, предупредить возможность неправильного толкования или понимания беседы или устного заявления. Памятная записка

为了强调会谈时的口头声明或请求的重要性，促进事情进展顺利，或避免对方对会谈或口头声明产生误解和误释，可将谈话内容预先写成说帖（Памятная записка）面交对方，也可在谈话后用说帖送交对方。说帖使用不带国徽的普通纸张。不写发文号和地址，需要注明发文地点和日期，如：«г. Москва, _____

печатается на простой бумаге без герба. Адрес и исходящий номер не ставятся; проставляются лишь место и дата отправления, например: "г. Москва, _____ года". Над текстом записки печатается надпись: "Памятная записка".

года». 说帖在正文前常有标题 "памятная записка".

说帖样例：

Памятная записка по итогам визита Губернатора Санкт-Петербурга В. И. Матвиенко в Финляндскую Республику с 10 по 13 февраля 2004 года

С 10 по 13 февраля 2004 г. делегация Санкт-Петербурга во главе с Губернатором В. И. Матвиенко посетила Финляндию с официальным визитом.

В ходе визита состоялись встречи Губернатора Санкт-Петербурга с:
- президентом Финляндии _____,
- председателем Парламента Финляндии _____,
- ....

Губернатор Санкт-Петербурга В. И. Матвиенко вручила гражданам Финляндии, внесшим наиболее заметный вклад в развитие двухстороннего сотрудничества, медали «В память 300-летия Санкт-Петербурга» и памятные медали по случаю 50-летия установления побратимских связей между Санкт-Петербургом и г. Турку.

Санкт-Петербургу в Финляндии придается особое значение в силу «исторического родства», географической близости, а также его экономического, научного, культурного потенциала. Для Санкт-Петербурга Финляндия также имеет большое значение, еще более возрастающее в связи с предстоящим расширением Европейского Союза, огромным потенциалом рынка этого объединения.

....

побратимский
结义的，结拜的

По результатам визита Губернатора Санкт-Петербурга В. И. Матвиенко в Финляндию, прошедших в рамках визита встреч и переговоров для реализации достигнутых договоренностей и дальнейшего расширения и развития сотрудничества Санкт-Петербурга с Финляндией необходимо:

- В целях активизации работы Правительства Санкт-Петербурга в рамках Межправительственного Соглашения между Россией и Финляндией о сотрудничестве в сопредельных регионах *Комитету по внешним связям*:
  - внести изменения и дополнения в Положение об Экспертном совете при российской части санкт-петербургско-финляндской Подгруппы по сотрудничеству сопредельных регионов и в состав Подгрупп;
  - ....

- В целях развития сотрудничества с мэрией Турку и для реализации достигнутых договоренностей по взаимодействию в области биотехнологий *Комитету по здравоохранению* определить ответственного за это направление работы.
....

> сопредельный
> 毗连的，接壤的

4. Частное письмо полуофициального характера
外交便函

Частное письмо полуофициального характера посылается знакомым официальным лицам в случаях, когда требуется какое-либо содействие в решении вопросов, являющихся предметом официальной переписки или переговоров, с целью подчеркнуть заинтересованность автора в данном деле или ускорить решение какого-либо вопроса путем использования влияния лица, которому направляется письмо. Частное письмо полуофициального характера способствует установлению и расширению связей.

外交便函是致熟识的官方人士的函件，用于协助解决正式函件或谈判所涉及的问题，以此来强调发文人对该问题的重视程度或者希望能通过收文人的影响加快问题的解决等。外交便函有助于建立和扩大联系。

Частное письмо пишется на обычной бумаге, иногда на бланке с напечатанными типографским способом в левом верхнем углу именем и фамилией или официальным титулом отправителя. Обращение в таком письме бывает следующим: "Уважаемый господин Министр; Уважаемый господин Директор; Уважаемый господин Сенатор и т. д.". Заключительный комплимент обязателен. Номер на письме не указывается, дата и личная подпись необходимы. Адрес пишется только на конверте.

外交便函使用普通的信纸，也可以使用在左上角印有发文人姓名或官衔的正式便签。称呼语可以是："Уважаемый господин Министр; Уважаемый господин Директор; Уважаемый господин Сенатор"等等。信尾须写致敬语。便函不用编号，须注明日期和个人签字。地址只需写在信封上。

сенатор 参议员

俄文外交便函样例：

Уважаемый Александр Владимирович!

Настоящим подтверждаю глубокое уважение к Вам и, по поручению Правительства Китая, имею честь обратиться по нижеследующему.

....

Рассчитываю на скорейшее получение официального ответа.

Жду новой встречи с Вами.

С уважением,

Чрезвычайный и Полномочный Посол
Китайской Народной Республики
в Российской Федерации
_____（Подпись）
Москва, ____ г.

中文外交便函样例：

尊敬的×××先生：

　　承蒙盛情邀请共进晚餐，甚为感谢。您提出的两个日期，如能定在×月×日，对我将更为合适。我期待着同您愉快的见面。

　　祝您身体健康。

×××（签字）
20××年×月×日于××

Образцы:

(6)

> АТР (азиатско-тихоокеанский регион) 亚太地区

MINISTRY OF FOREIGN AFFAIRS
OF THE RUSSIAN FEDERATION

SECOND ASIAN DEPARTMENT

Date: 16. 05. _____
Pages: 1

Уважаемый Господин Посол!

Имеем честь пригласить Вас и Торгового представителя Вашего посольства на семинар по вопросам развития делового сотрудничества между Россией и странами Азиатско-тихоокеанского региона. Семинар, который состоится 30 мая _____ года в 10.00 в Малом особняке МИД России (ул. Спиридоновка, дом 17), организуется для послов и торговых представителей стран АТР, аккредитованных в Москве.

Были бы весьма признательны за сообщение о Вашем участии и Торгового представителя посольства до 25 мая с. г.

Программа семинара прилагается.

С уважением,
Заместитель директора

_____
(Подпись)

(7)

ЗАМЕСТИТЕЛЮ МИНИСТРА КУЛЬТУРЫ
КИТАЙСКОЙ НАРОДНОЙ РЕСПУБЛИКИ
Г-НУ _____

Уважаемый г-н _____!

Имею честь засвидетельствовать искреннее уважение и выразить глубокую признательность за весьма содержательную деловую встречу и радушный прием во время визита официальной делегации Республики _____ в Китайскую Народную Республику.

> Мы высоко оцениваем результаты работы нашей делегации в различных министерствах и ведомствах Китайской Народной Республики. На наш взгляд, заложен прочный фундамент для дальнейшего развития взаимовыгодного сотрудничества между _____.
>
> ....
>
> Еще раз разрешите поблагодарить Вас за теплый прием и позвольте выразить надежду на дальнейшее плодотворное сотрудничество.
>
> С заверениями своего глубокого уважения,
>
> Вице-президент Республики _____   _____
>   (Подпись)

5. Телеграмма
电报

В настоящее время большое распространение получил такой вид дипломатических документов, как телеграммы. Как правило, телеграммы требуют ответа. Содержание телеграмм часто имеет важное политическое значение. Поводы для направления телеграмм могут быть различными: национальные праздники, юбилейные даты, годовщины важных событий и т. д. Направить, например, телеграмму в связи со вступлением на пост нового главы государства — это не только знак вежливости. Это также показатель уровня и характера отношений между государствами, повод для того, чтобы продемонстрировать желание продолжать развивать сотрудничество и расширять связи.

电报作为外交文书被广泛使用。电报通常需要回复，电文内容也常有重大政治意义。在国庆日、纪念日、重要事件的周年纪念等情况下均可致电。如在外国新的国家元首就职之际致以贺电，这不仅表示礼貌，也标志着国家关系的水平和性质，更是表达继续扩大合作和交流愿望的契机。

俄文外交电报一般在左上角写收电人的称呼、姓名和职衔；中文外交电报在左上角首行写对方首都名称，第二行写收电人的职衔、全名、称呼或收电机构名称。中俄文电报结尾通常无致敬语，但应有祝愿词。发电人职衔、全名或机构名称均写在右下角。

俄文外交电报样例：

ТЕЛЕГРАММА

Его Превосходительству
Господину Борису Николаевичу Ельцину,
Президенту Российской Федерации

　　От имени кубинского народа и от себя лично благодарю Ваше Превосходительство за сердечные поздравления и добрые пожелания по случаю Нового года и 37-й годовщины Кубинской революции.

　　Подтверждая нашу решимость и впредь укреплять дружественные связи и сотрудничество между Кубой и Россией, выражаю наилучшие пожелания благополучия и счастья народу Вашей страны, а также Вам лично.

С самым высоким уважением

Фидель Кастро Рус,

Председатель Государственного совета
и Совета министров Республики Куба

впредь 将来，今后
председатель государственного совета 国务委员会主席

中文外交电报样例：

贺　　电

×××（首都名称）
×××共和国总统××阁下：

　　（值此）在×××共和国独立××周年的时候（之际），我谨向阁下表示祝贺。

　　祝贵国繁荣昌盛，人民幸福。

中华人民共和国主席×××

20××年×月×日于北京

Образцы:

(8)

ТЕЛЕГРАММА

ЕГО ПРЕВОСХОДИТЕЛЬСТВУ
ГОСПОДИНУ ДЖОРДЖУ У. БУШУ,
ПРЕЗИДЕНТУ СОЕДИНЕННЫХ ШТАТОВ АМЕРИКИ
г. Вашингтон

  Уважаемый господин Президент,

 Поздравляю Вас с официальным вступлением в должность Президента Соединенных Штатов Америки и искренне желаю успеха на новом высоком посту.

 Полностью разделяю выраженное Вами стремление к «укреплению российско-американской дружбы в предстоящие годы».

 Хотел бы высказать некоторые предварительные соображения относительно того, как мы представляем себе пути развития российско-американского диалога. Для нас США — важнейший внешнеполитический партнер, и мы со своей стороны готовы и впредь вести дело к укреплению новых отношений сотрудничества между нашими странами и народами, совместному поиску ответов на те серьезные вызовы, которые 21 век бросает нам и международному обществу в целом. Согласен с Вами в том, что к российско-американским отношениям надо подходить прагматично, равноправно сотрудничать на широком поле совпадающих интересов, находить на взаимоприемлемой основе рациональные решения имеющихся разногласий.

 ...

 В заключение хочу еще раз выразить надежду, что отношения равноправного, взаимовыгодного сотрудничества между Россией и США получат конкретное развитие на благо народов наших двух стран и всего международного сообщества.

 С уважением,

        В. ПУТИН

разделять 同意,赞同
соображение 想法,看法
прагматично 实用地
взаимоприемлемый 彼此能接受的
рациональный 合理的
разногласие 分歧
благо 幸福,福利

6. Совместное коммюнике
联合公报

Совместное коммюнике — официальное сообщение по итогам международных переговоров или встреч между полномочными представителями двух или больше двух государств или правительств. Обычно совместное коммюнике одновременно публикуется в каждой стране-участнице переговоров.

联合公报是两个或两个以上国家或政府全权代表对会谈、会见结果所做的正式通报。联合公报通常由参加会谈的各国同时发表。

俄文联合公报：

СОВМЕСТНОЕ КОММЮНИКЕ

по итогам заседания Совета глав правительств (премьер-министров) государств - членов Шанхайской организации сотрудничества

30 октября 2008 года в Астане состоялось очередное заседание Совета глав правительств (премьер-министров) государств-членов Шанхайской организации сотрудничества (далее— СГП ШОС).

В заседании приняли участие Премьер-министр Республики Казахстан К. К. Масимов, Премьер Государственного совета Китайской Народной Республики Вэнь Цзябао, Премьер-министр Кыргызской Республики И. В. Чудинов, Председатель Правительства Российской Федерации В. В. Путин, Премьер-министр Республики Таджикистан А. Г. Акилов и Первый заместитель Премьер-министра Республики Узбекистан Р. С. Азимов.

На заседании председательствовал Премьер-министр Республики Казахстан К. К. Масимов.

На заседании присутствовали и выступили представители государств-наблюдателей при Шанхайской организации сотрудничества: Министр энергетики Республики Индии Сушилкумар Шинде, Первый вице-президент Исламской Республики Иран Парвиз Давуди, Премьер-министр Монголии Санжагийн Баяр, Министр обороны Исламской Республики Пакистан Чаудри Ахмед Мухтар, а также в качестве гостя председательствующего государства Первый

СГП（Совет глав правительства）政府首脑理事会（总理会议）
ШОС（Шанхайская организация сотрудничества）上海合作组织
государство-наблюдатель 观察员国
гость председательствующего государства 东道国客人

вице-президент Исламской Республики Афганистан Ахмад Зия Масуд.

....

Состоялась встреча Президента Республики Казахстан Н. А. Назарбаева с участвовавшими в заседании главами делегаций.

1. В дружественной и конструктивной атмосфере главы правительств обсудили состояние и перспективы практического взаимодействия в политической, торгово-экономической, гуманитарной и других сферах.
2. В целях стимулирования поступательного и стабильного развития многостороннего сотрудничества в рамках Организации правительства государств-членов будут прилагать совместные усилия по практической реализации договоренностей, достигнутых в ходе Душанбинского (2008 года) саммита ШОС.

С удовлетворением отмечены прогресс в торгово-экономической и гуманитарной сферах, достигнутый после заседания СГП ШОС в 2007 году в Ташкенте, а также сохранение высокой динамики роста взаимной торговли.

....
....

11. Главы правительств считают, что участие представителей государств-наблюдателей в совещаниях отраслевых министерств и ведомств будет способствовать подключению этих государств к реализации совместных проектов в рамках ШОС.
12. Главы правительств утвердили бюджет Организации на 2009 год и рассмотрели ряд организационно-финансовых вопросов деятельности постоянно действующих органов ШОС.

В рамках заседания уполномоченными представителями таможенных ведомств государств-членов ШОС подписан Протокол между таможенными службами об обмене информацией в области контроля за перемещением энергоресурсов.

Главы правительств высоко оценили усилия Республики Казахстан по обеспечению успешного проведения заседания Совета глав правительств и выразили признательность казахстанской стороне за гостеприимство.

Очередное заседание Совета глав правительств государств-членов ШОС состоится в 2009 году в Китайской Народной Республике.

конструктивный 建设性的
гуманитарный 人文的
поступательное и стабильное развитие 持续稳步发展
саммит 峰会
Протокол между таможенными службами об обмене информацией в области контроля за перемещением энергоресурсов 海关能源监管信息交换议定书

Премьер-министр Республики Казахстан	К. Масимов
Премьер Государственного совета Китайской Народной Республики	Вэнь Цзябао
Премьер-министр Кыргызской Республики	И. Чудинов
Председатель Правительства Российской Федерации	В. Путин
Премьер-министр Республики Таджикистан	А. Акилов
Первый заместитель Премьер-министра Республики Узбекистан	Р. Азимов

г. Астана, 30 октября 2008 года

中文联合公报：

上海合作组织成员国政府首脑（总理）理事会会议联合公报

2008年10月30日，上海合作组织成员国政府首脑（总理）理事会例行会议（以下简称"本组织总理会议"）在阿斯塔纳举行。

哈萨克斯坦共和国总理马西莫夫、中华人民共和国国务院总理温家宝、吉尔吉斯共和国总理丘季诺夫、俄罗斯联邦政府主席普京、塔吉克斯坦共和国总理阿基洛夫和乌兹别克斯坦共和国第一副总理阿齐莫夫出席会议。

会议由哈萨克斯坦共和国总理马西莫夫主持。

印度共和国动力部长欣德、伊朗伊斯兰共和国第一副总统达乌迪、蒙古国总理巴亚尔、巴基斯坦伊斯兰共和国国防部长穆赫塔尔作为本组织观察员国代表，以及阿富汗伊斯兰共和国第一副总统马苏德作为东道国客人与会并发言。

……………………

哈萨克斯坦共和国总统纳扎尔巴耶夫会见了出席会议的各代表团团长。

一、总理们在友好和建设性气氛中讨论了本组织框架内政治、经贸、人文和其他领域务实合作的现状与前景。

二、为推动本组织框架内的多边合作持续、稳步发展，成员国政府将共同努力，切实落实2008年杜尚别峰会共识。

总理们满意地指出，2007年塔什干总理会议后，本组织经贸和人文领域合作取得了进展，相互贸易保持高速增长。
....
....

十一、总理们认为，观察员国代表参加成员国各部门会议有利于吸收这些国家参与落实本组织框架内的合作项目。

十二、总理们审议了本组织内部建设和财务等一系列问题，批准了本组织2009年预算。

会议期间，本组织成员国海关部门授权代表签署了《海关能源监管信息交换议定书》。总理们高度评价哈萨克斯坦共和国为保障本次总理会议顺利举行所作的努力，对哈方的热情接待表示感谢。

下次本组织成员国总理例行会议将于2009年在中华人民共和国举行。

哈萨克斯坦共和国总理	马西莫夫
中华人民共和国国务院总理	温家宝
吉尔吉斯共和国总理	丘季诺夫
俄罗斯联邦政府主席	普　京
塔吉克斯坦共和国总理	阿基洛夫
乌兹别克斯坦共和国第一副总理	阿齐莫夫

2008年10月30日于阿斯塔纳

7. Декларация
声明

Декларация — официальное провозглашение основных идеологических и политических принципов от имени государства, правительства, партии, общественной организации или от имени их руководителей. Декларация встречается и в международной политике. Это официальное заявление, формулирующее согласованные двумя государствами, партиями или общественными организациями общие принципы и цели. Такой вид декларации часто имеет название «Совместная декларация».

声明，一般指国家、政府、政党、社会团体或其领导人对意识形态及政治方面的基本原则所做的正式宣告。声明也用于国际事务，如果是两国、两党或两个社会团体对协商一致的共同原则和目标而发表的声明，则称"共同声明"或"联合声明"。

провозглашение 宣布，宣告

俄文联合声明：

Совместная декларация КНР и РФ по основным международным вопросам

Китайская Народная Республика и Российская Федерация ／далее именуемые Сторонами／, исходя из своей ответственности за мир и развитие на планете, которую они несут как постоянные члены Совета Безопасности ООН, а также из общности позиций по основным международным вопросам, подчеркивая свою приверженность положениям Китайско-Российской совместной декларации о многополярном мире и формировании нового международного порядка от 23 апреля 1997 года и Совместной декларации Китайской Народной Республики и Российской Федерации о международном порядке в 21-м веке от 1 июля 2005 года, отмечая историческую важность установления отношений партнерства и стратегического взаимодействия и Договора о добрососедстве, дружбе и сотрудничестве между Китайской Народной Республикой и Российской Федерацией от 16 июля 2001 года, заявляют о нижеследующем：

1. В мире происходят большие изменения. Велением времени стало стремление к миру, развитию и сотрудничеству. Необратимый характер приобретает тенденция многополярности мира, углубляется экономическая глобализация, ускоряются темпы научно-технического прогресса, интенсивно развивается глобальное и региональное сотрудничество. В то же время в мире по-прежнему встречается стремление к односторонним действиям, проведению силовой политики. Постоянно возникают локальные конфликты на почве национальных и религиозных противоречий, обостряется глобальный экономический дисбаланс, появляются новые вызовы и угрозы.

В таких условиях все страны должны объединить усилия для эффективного ответа на общие вызовы и угрозы, обеспечения устойчивого мира и формирования гармоничного мироустройства во имя совместного процветания. Необходимо строго следовать целям и принципам Устава ООН, неукоснительно соблюдать принципы

Совет Безопасности 安理会
ООН（Организация Объединенных Наций）联合国
приверженность 忠实
многополярный 多极的
веление времени 时代的要求
необратимый 不可逆转的
глобализация 全球化
силовая политика 强权政治
обостряться 尖锐化,加剧
дисбаланс 失衡
мироустройство 国际社会秩序
неукоснительно 无条件地,绝对地

взаимного уважения суверенитета и территориальной целостности, отказа от агрессии друг против друга, невмешательства во внутренние дела друг друга, равноправия и взаимной выгоды, мирного сосуществования и другие общепризнанные принципы международных отношений и международного права, избавиться от менталитета "холодной войны", блоковой политики, развивать дух равенства, демократии и взаимодействия.

суверенитет	主权
менталитет	心智,思维方式,精神气质
блоковая политика	集团政治
консенсус	协商一致
устранять трения	消除摩擦
политизация	政治化
неизбирательный	非选择性的,不加区分的

2. Стороны поддерживают центральную роль ООН в международных делах, потенциал которой в деле обеспечения мира, стимулирования международного сотрудничества и совместного развития незаменим. Они одобряют проведение необходимой и рациональной реформы ООН в целях повышения авторитета и эффективности этой организации, усиление ее потенциала реагирования на новые вызовы и угрозы. Проведение реформы должно основываться на принципах консенсуса, последовательности и постепенности.

....
....

10. Стороны, подтверждая универсальный характер принципа уважения прав человека, считают, что каждое государство имеет право стимулировать и защищать их в соответствии с собственной спецификой. В вопросе прав человека все страны должны на основе принципов суверенного равенства и невмешательства во внутренние дела устранять трения путем диалога и сотрудничества, выступать против его политизации и применения двойных стандартов, против использования вопроса прав человека для вмешательства во внутренние дела других стран, способствовать тому, чтобы подходы международного сообщества к проблематике прав человека строились на объективной и неизбирательной основе.

11. Стороны выражают готовность прилагать совместные усилия для укрепления таких механизмов международного взаимодействия, как диалог "Группы восьми" с лидерами развивающихся стран, "четверка" Бразилия — Россия — Индия — Китай /БРИК/, министерские встречи и контакты в формате Россия — Индия — Китай, содействовать на основе совпадающих интересов становлению и дальнейшему развитию этих и других институтов международного сотрудничества, находя согласованные ответы на вызовы и угрозы глобальной и региональной безопасности и устойчивому развитию.

Стороны приветствуют создание механизмов взаимодействия региональных интеграционных структур, прежде всего укрепление взаимодействия, расширение политического диалога, экономического сотрудничества, общественных и культурных связей в Восточной Азии. Китай поддерживает более активное подключение России к процессам интеграции в регионе Восточной Азии.

> интеграционный 一体化的
> процесс интеграции 一体化进程
> многопрофильный 多方面的，综合的
> Евразия 欧亚
> консолидация 团结

Стороны считают, что Шанхайская организация сотрудничества превратилась в исключительно важный фактор укрепления стратегической стабильности, поддержания мира и безопасности, развития многопрофильного экономического и гуманитарного взаимодействия в Евразии. Стороны подтверждают свое стремление к дальнейшей консолидации Шанхайской организации сотрудничества, считают важным углубление диалога Организации со всеми заинтересованными государствами, международными объединениями и форумами в целях поиска взаимоприемлемых решений актуальных проблем современности на основе принципов открытости и ненаправленности против третьих стран.

Председатель КНР   Президент РФ
Ху Цзиньтао   Дмитрий Медведев

Пекин 23 мая 2008 года

中文联合声明：

中华人民共和国和俄罗斯联邦关于重大国际问题的联合声明

中华人民共和国和俄罗斯联邦（以下简称"双方"），基于作为联合国安理会常任理事国对世界和平与发展所负的责任以及对重大国际问题所持的一致立场，恪守1997年4月23日《中华人民共和国和俄罗斯联邦关于世界多极化和建立国际新秩序的联合声明》和2005年7月1日《中华人民共和国和俄罗斯联邦关于21世纪国际秩序的联合声明》，强调中俄建立战略协作伙伴关系和2001年7月16日签署《中华人民共和国和俄罗斯联邦睦邻友好合作条约》具有重要历史意义。

声明如下：

一、当今世界正处在大变革之中。求和平、谋发展、促合作已经成为时代的要求。世界多极化趋势不可逆转，经济全球化深入发展，科技进步速度加快，全球合作和区域合作方兴未艾。同时，在世界上单边主义和强权政治依然存在，民族和宗教矛盾引发的局部冲突此起彼伏，全球经济失衡加剧，新威胁、新挑战层出不穷。

鉴此，世界各国应携手努力，有效应对共同威胁和挑战，建设持久和平、共同繁荣的和谐世界。应遵循《联合国宪章》宗旨和原则，严格遵守互相尊重主权和领土完整、互不侵犯、互不干涉内政、平等互利、和平共处的原则及国际法和其他公认的国际关系准则，摒弃"冷战思维"和集团政治，弘扬平等、民主、协作精神。

二、双方支持联合国在国际事务中发挥主导作用。联合国在维护世界和平、促进各国合作、推动共同发展中的作用不可替代。双方一致赞同联合国进行必要、合理的改革，加强其权威，提高其效率，以增强应对新威胁、新挑战的能力。改革应本着循序渐进、协商一致的原则。

   ···
   ···

十、双方重申，尊重人权的普遍性原则，同时认为，各国有权根据本国国情促进和保护人权。在人权问题上，各国应在主权平等和不干涉内政的基础上，通过对话与合作消除摩擦，反对将人权问题政治化和搞双重标准，反对借人权问题干涉别国内政，推动国际社会以客观和非选择性方式处理人权问题。

十一、双方愿共同致力于加强"八国集团"与发展中国家领导人对话，加强"金砖四国"、中俄印外长会晤等国际合作机制，愿在利益一致的基础上，推动建立和进一步发展上述及其他国际合作机制，针对全球、地区安全和可持续发展面临的挑战和威胁，寻找协商一致的解决办法。

双方欢迎地区一体化机构之间建立协作机制，特别是加强东亚地区的协作，扩大该地区政治对话、经济合作、社会和文化交往。中国支持俄罗斯更积极地融入东亚一体化进程。

双方认为，上海合作组织已成为巩固战略稳定、维护和平与安全、发展欧亚地区多种经济与人文合作的极为重要的因素。双方重申，将进一步巩固上海合作组织的团结。双方认为，为解决当代的紧迫问题并使各方都能够接受，在开放和不针对第三国的原则基础上深化上海合作组织同有关国家、国际组织和论坛的对话是非常重要的。

中华人民共和国主席　　　　俄罗斯联邦总统
　胡锦涛（签字）　　　　德米特里·梅德韦杰夫（签字）

2008 年 5 月 23 日于北京

Приложения
附 录

附录十一 Требования к дипломатическим документам

Поскольку все документы дипломатической переписки являются официальными, большое значение имеет правильный выбор вида документа: он должен соответствовать данному конкретному случаю. При этом следует исходить главным образом из содержания документа, хорошо знать технику дипломатической переписки и учитывать традиции страны пребывания, если речь идет о нотах дипломатического представительства. На вербальную ноту принято отвечать вербальной нотой, а на личное письмо — личным письмом. Считается невежливым на личное письмо отвечать вербальной нотой, так же как на письмо с личной подписью отвечать письмом с фамилией, напечатанной на машинке.

Дипломатический документ требует ответа. Отсутствие ответа будет воспринято как ответ определенного негативного характера. К такой форме ответа следует прибегать в исключительных случаях. Любой документ начинается с обращения. Точный титул и фамилия лица, которому адресуется данный документ, подчас не менее важны, чем его содержание. Какие-либо искажения и в прошлом, и сейчас не допускаются.

Строго придерживаясь традиционных норм и правил переписки, дипломатический протокол внимательно следит за соблюдением этих норм и правил со стороны иностранных государств, решительно выступает против их нарушения и тем более попыток нанести ущерб достоинству страны.

Одним из требований к дипломатическому документу по сей день остается правильность написания фамилии и титула адресата. Документ может содержать иногда и нечто неприятное для адресата, но формулы вежливости при этом должны быть соблюдены. Многие весьма щепетильны в отношении орфографии и порядка написания их имен. То и другое должно строго соответствовать записям в официальных документах, исходящих из учреждений, в которых работают эти лица. Особого внимания требует написание сложных имен и фамилий (испанских, арабских и др.), и нельзя допускать их сокращения, руководствуясь правилами русского языка. У некоторых народов не существует фамилий в нашем понимании, имеется лишь имя, к которому иногда в официальной переписке добавляется имя отца. Произвольное сокращение одного имени может вызвать у человека обоснованную обиду.

Разобраться в том, где фамилия, а где имя, — обязанность каждого, кому поручено подготовить дипломатический документ. Не ущемить достоинство партнера, проявить корректность, уважительность — вот что такое правильное написание обращения и адреса.

В данном случае форма не менее важна, чем содержание.

На первый взгляд может показаться несущественным, если одна нота начинается словами «...имеет честь сообщить, что...», а другая — просто «...сообщает, что...». Однако это далеко не так. Отход от общепринятой формулы может иметь место. Но это должен быть обдуманный шаг, и для него нужны серьезные основания. Когда, например, делается представление или выражается протест в связи с какой-то конфликтной ситуацией, в документе может не быть обычного заключительного комплимента («...пользуется случаем, чтобы возобновить...уверения в своем...уважении»).

Попытки дипломатии некоторых стран отказаться от сложившихся формул вежливости не находят поддержки в международной практике. Абсолютное большинство государств в своей дипломатической переписке оказывают друг другу знаки уважения. Если же одна из сторон отказывается от формул вежливости, то, исходя из принципа взаимности, аналогичным образом поступает и другая сторона.

Дипломатический документ должен иметь безупречный внешний вид, поэтому все дипломатические документы печатаются на бумаге высшего качества, машинной резки. При печатании текста не допускаются подчистки и исправления. Конверты для документов должны быть соответствующего размера и качества. Печать должна стоять на положенном для нее месте — внизу документа, а текст должен быть красиво расположен по всему листу.

Для дипломатической переписки настоящего времени не требуется огромного числа писцов, которые "перебеливали" официальные документы. Ныне иногда еще пишутся от руки личные письма полуофициального характера. Все другие дипломатические письма печатаются на машинке, часто даже с использованием множительной техники. Но при этом, если автор письма хочет проявить к адресату знаки особого уважения, обращение к нему ("Уважаемый господин Посол", "Господин министр" и т. д.), а также заключительный комплимент ("С наилучшими пожеланиями", "Искренне Ваш" и т. д.) он напишет от руки, хотя остальной текст будет напечатан на машинке.

Министерство иностранных дел ведет дипломатическую переписку на языке своей страны. Однако к официальному тексту может быть приложен перевод на иностранный язык. Делается это в том случае, если имеется намерение довести до адресата как можно быстрее содержание документа, а также предотвратить возможные неточности, которые могут быть допущены при переводе документа адресатом.

Посольства могут вести переписку с Министерством иностранных дел на языке своей страны. Но это правило не универсально. Посольства нередко ведут переписку на языке страны пребывания или прилагают к оригиналам переводы документов на этот язык. Дипломатические документы, как правило, должны вручаться лично адресату или направляться с курьером и сдаваться специальному уполномоченному лицу под расписку. Посылать дипломатическую корреспонденцию по почте не рекомендуется.

Как бы ни были важны форма и атрибуты вежливости в дипломатическом документе, приоритет все же следует отдавать содержанию, ясности изложения, логичности мысли, доказательности фактов, учету особенностей адресата и возможной реакции с его стороны.

Дипломатический документ будет действенным, если он отразит всю сложную совокупность больших и малых проблем, касающихся одной или нескольких стран, если он будет проникнут заботой о благе человечества.

В дипломатической переписке не должны допускаться неточность, искажение фактов, их преуменьшение или преувеличение. Подобная, неряшливость делает документ уязвимым, так как под сомнение будет поставлено его содержание. Последующие поправки и уточнения, как правило, не могут помочь. Поэтому при анализе и отборе фактов в документах следует использовать лишь те, которые имеют абсолютную достоверность.

К дипломатическим документам уместно применять правило: словам должно быть тесно, а мыслям — просторно. Язык дипломатических документов прост, лаконичен, редко используются сравнения, эпитеты. Однако к месту примененный художественный образ может усилить выразительность документа.

Слово в дипломатическом документе должно быть абсолютно аутентичным вкладываемому в него понятию. Если слово в каком-то контексте можно понимать и трактовать по-разному, то лучше его не использовать, а подобрать другое. Богат и могуч русский язык, но увлечение литературностью стиля в ущерб ясности и четкости может принести вред.

С другой стороны, было бы ошибочным считать язык дипломатических документов языком штампов. Отнюдь нет. Дипломатические документы не могут быть похожими на публицистические произведения, но они должны оставлять глубокий след в памяти читателя.

Излагая мысль четко и ясно, стремясь использовать свежие слова и неизбитые формулировки, составитель документа не должен пренебрегать и уже сложившимися и устоявшимися понятиями. Нет надобности, например, искать смысловую замену выражениям «мирное сосуществование», «холодная война», политика «с позиции силы», «новое мышление», «народная дипломатия». Эти и другие подобные им устоявшиеся выражения на разных языках выражают конкретные, единые понятия.

Слово в дипломатической переписке и в дипломатии вообще может быть и союзником, и врагом. Умело подобранное и к месту сказанное, оно будет убеждать сомневающихся, склонять в нужную сторону колеблющихся, укреплять убежденность сочувствующих. При строгом отборе словесного материала дипломатический документ станет доказательным, убедительным. Слово, сказанное второпях, написанное в документе впопыхах, станет врагом, так как не зря говорят: «Слово не воробей, вылетит — не поймаешь».

(Источник: А. Ф. Борунков «Дипломатический протокол в России», стр. 85—90)

Слова и выражения
生词及短语

- прибегать 使用, 采用
- подчас 有时
- щепетильный 微妙的, 需慎重对待的
- обоснованный 理由充足的
- ущемить 刺伤, 侮辱
- корректность 彬彬有礼, 有分寸
- подчистка 涂改
- писец 司书, 录事
- перебеливать 誊清, 誊写清楚
- действенный 有效的
- преуменьшение 评价过低, 估计过低
- преувеличение 夸大, 夸张
- неряшливость 粗心, 不仔细
- уязвимый 有缺点的, 有弱点的
- достоверность 可靠性, 可信性
- аутентичный 准确的, 真正的
- неизбитый 没有用俗的, 尚不俗气的
- пренебрегать 忽视, 忽略
- устояться 固定下来, 稳定下来
- колеблющийся 犹豫不决的, 动摇不定的
- сочувствующий 同情者; 赞同者, 支持者
- второпях 匆忙中
- впопыхах 忙乱中

附录十二　对外文书使用的要求

格式　使用对外文书首先要注意格式，不要用错。如外长和外交代表使用正式照会，不要用普通照会的格式，非外交代表机构使用对外函件，不要用照会格式等等。

人称　人称要与文书格式相适应。正式照会、外交函件、电报均是以签署人的口气用第一人称写成。在正式照会中，一般不用"我们"一词，普通照会一般以机构名义用第三人称写成，称对方亦用第三人称，不可用"贵方"或"贵馆"等措词，而是重提受照机关的名称。以机构名义书写的对外函件亦用第三人称。

另外，**签署者与收文者要相对应**，即人对人、单位对单位。如：正式照会是人对人，普通照会是单位对单位。在个人对个人的外交文书中讲究身份对等，如元首对元首，总理对总理，外长对外长。但也有特殊情况，如大使作为国家的全权代表可对外长、总理、元首，而代办一般只对外长。其他的对外函件可根据实际情况书写。

客套用语　客套用语要与格式相对应。如普通照会开头的"×××向×××致意"这一客套用语不能用作个人函件中的开头语，非外交机构发的对外文书也不用这一套语，照会结尾的致敬语使用时要注意与双方的身份、关系和场合相符合。如，致代办处的文书一般用"顺致敬意"或"顺致崇高的敬意"；给外交部和大使馆的文书则一般用"顺致崇高的敬意"。事务性的文书，亦用"顺致崇高的敬意"。

致敬语不能自成一页，应紧跟正文后另起一段。

称呼　文书抬头即收文人的职衔、姓名等要使用全称，文中第一次出现的职衔、姓名也要全称。第二次出现则可用简称。

国名　文书信封和文中的抬头的国名等均用全称。文中第一次出现时用全称，以后可用简称。但有些国家由于情况特殊，如朝鲜民主主义共和国国名则须用全称。

有些国家由于发生革命、政变或其他原因，国名可能改变，须随时注意，不要写错。

译文　对外文书一般以本国文字为正本。但为了使收件人能够确切理解文件的实质内容，往往附有收件国文字或通用的第三国文字的译文。在本国向外国常驻代表机关发送事务性函件，也可仅用本国文字，不附译文。较为重要的文书则附以译文为好（有的国家译文本上注有"非正式译文"字样）。各国套语用法以及行文格式与中文不同，翻译时应注意，要符合各种文字的用法。一般函电也可用收件国文字或通用文字书写。

（摘自中华人民共和国外交部官方网站）

Упражнения
练 习

1. Переведите следующие выражения на русский язык.
    1)《联合国宪章》
    2)《中俄睦邻友好合作条约》
    3)《中俄人文合作委员会第九次会议纪要》
    4) 打击恐怖主义、分裂主义和极端主义
    5) 应中华人民共和国主席胡锦涛邀请
    6) 公正合理的国际政治经济新秩序
    7) 有利于维护和促进地区及世界的和平、稳定和经济发展
    8) 维护亚太地区的和平、稳定和繁荣
    9) 慰问电
    10) 中华人民共和国主席胡锦涛宴请俄罗斯总统
    11) 中俄总理定期会晤
    12) 中俄经济工商界高峰论坛
    13) 深化政治、经济、人文领域的合作
    14) 中国"俄语年"
    15) 与其他国家和地区论坛开展密切的双边和多边协作
    16) 深化中俄战略协作伙伴关系是两国外交政策的优先方向。
    17) 在当前条件下,国际安全应建立在互信、互利、平等、协作的原则基础上。
    18) 可持续发展是国际合作的重要领域。
    19) 中俄总理会晤在友好、互谅与合作的气氛中进行。
    20) 双方对会晤结果表示满意。

2. Переведите следующие документы на китайский язык.

1)

Якутск

_____ г. №____

ЗАМЕСТИТЕЛЮ МИНИСТЕРСТВА КУЛЬТУРЫ
КИТАЙСКОЙ НАРОДНОЙ РЕСПУБЛИКИ
Г-НУ _____

Уважаемый г-н _____!

Имею честь засвидетельствовать искреннее уважение и выразить глубокую признательность за весьма содержательную деловую встречу и радушный прием во время визита официальной делегации Республики Саха (Якутия) Российской Федерации в Китайскую Народную Республику.

Мы высоко оцениваем результаты работы нашей делегации в различных министерствах и ведомствах Китайской Народной Республики. На наш взгляд, заложен прочный фундамент для дальнейшего развития взаимовыгодного сотрудничества между Якутией и провинцией Хэйлунцзян и с заинтересованными министерствами и ведомствами Китайской Народной Республики.

Еще раз разрешите поблагодарить Вас за теплый прием и позвольте выразить надежду на дальнейшее плодотворное сотрудничество.

С заверениями своего глубокого уважения,

Вице-президент Республики Саха (Якутия)   (Подпись)

2)

哈萨克斯坦共和国驻华大使馆

№ _____

Посольство Республики Казахстан в Китайской Народной Республике свидетельствует свое уважение Министерству культуры Китайской Народной Республики и имеет честь сообщить о следующем.

По приглашению Министерства культуры Китайской Народной Республики и в соответствии с заключенным договором заместитель Председателя правления телерадиокомпании «Қазахстан», Генеральный директор «Казрадио», солист _____ в период с _____ по _____ апреля _____ г. посетил Урумчи Синьцзян-Уйгурского автономного района (СУАР).

Согласно предварительным договоренностям, предлагалось проведение 10 концертов в городах СУАР. Министерство культуры Китайской Народной Республики взяло на себя обязательства по обеспечению и финансированию расходов на дорогу, проживание, рекламу концертов, аренду помещений. Однако, без предъявления каких-либо официальных оснований, китайская сторона впоследствии отменила девять из десяти запланированных концертов.

Учитывая вышеизложенное, Посольство просит китайскую сторону оказать содействие по возмещению расходов.

Посольство Республики Казахстан в Китайской Народной Республике пользуется случаем, чтобы возобновить Министерству культуры Китайской Народной Республики уверения в своем весьма высоком уважении.

(Герб) _____ г.

МИНИСТЕРСТВУ КУЛЬТУРЫ
КИТАЙСКОЙ НАРОДНОЙ РЕСПУБЛИКИ
г. Пекин

3)

20 августа 2008 года

Телеграмма
А. С. ДАВЫДОВОЙ и А. Н. ЕРМАКОВОЙ

Уважаемые Анастасия Семеновна и Анастасия Николаевна!

С особым удовольствием поздравляю Вас с новым покорением олимпийского пьедестала.

Оригинальная и технически совершенная композиция, артистизм и твердая уверенность в своих силах стали фирменным стилем Вашего прославленного дуэта. В своем выступлении Вы гармонично соединили спорт и искусство, заслужив искреннее восхищение болельщиков и высшие оценки взыскательных судей.

Ваша красивая победа ярко продемонстрировала всему миру, что в синхронном плавании Россия по-прежнему остается «законодательницей мод».

Желаю Вам неиссякаемой энергии, благополучия и новых достижений.

Д. МЕДВЕДЕВ

4)

ПРОТОКОЛ

Между Министерством культуры Российской Федерации и
Министерством культуры Китайской Народной Республики
об организации Дней культуры России в Китае в 2003 году

Министерство культуры Российской Федерации и Министерство культуры Китайской Народной Республики на основе Программы сотрудничества между Министерством культуры Российской Федерации и Министерством культуры Китайской Народной Республики от «16» декабря 2002 года договорились подписать Протокол об организации Дней культуры России в Китае в 2003 году.

Статья 1

Дни культуры России в Китае будут проведены в период с 27 апреля по 7 мая 2003 года.

Официальное открытие Дней состоится _____ 2003 года в г. Пекине с участием симфонического оркестра КНР и российского дирижера.

Стороны согласились, что мероприятия, организуемые в рамках Дней, будут также проведены в г. Шанхае и других городах КНР.

Статья 2

Количество участников Дней культуры России в Китайской Народной Республике, включая официальную делегацию, не превысит 160 человек.

....
....

Статья 12

Стороны исходят из того, что теле- и аудиозаписи выступлений исполнителей могут производиться только в информационных целях продолжительностью 2 — 3 минуты, исключая полную запись концертных номеров программы.

Статья 13

Стороны исходят из того, что ответные Дни культуры Китая пройдут в России _____ 2004 года на аналогичных условиях.

Статья 14

Настоящий Протокол вступает в силу со дня его подписания.

Совершено в Пекине _____ 2003 года в двух экземплярах, каждый на русском и китайском языках, причем оба текста имеют одинаковую силу.

ЗА МИНИСТЕРСТВО КУЛЬТУРЫ КИТАЙСКОЙ НАРОДНОЙ РЕСПУБЛИКИ	ЗА МИНИСТЕРСТВО КУЛЬТУРЫ РОССИЙСКОЙ ФЕДЕРАЦИИ
_____	_____

5)

ВЫСТУПЛЕНИЕ Д. А. МЕДВЕДЕВА НА ЦЕРЕМОНИИ ВСТУПЛЕНИЯ В ДОЛЖНОСТЬ ПРЕЗИДЕНТА РОССИИ

7 мая 2008 года, Москва, Кремль

Уважаемые граждане России, дорогие друзья!

Только что мной принесена президентская присяга, она дается народу России, и в ее самых первых строках — обязательство уважать и охранять права и свободы человека. Именно они признаны высшей ценностью в нашем обществе, и именно они определяют смысл и содержание всей государственной деятельности.

В этой связи считаю своей важнейшей задачей дальнейшее развитие гражданских и экономических свобод, создание новых, самых широких возможностей для самореализации граждан — граждан, свободных и ответственных как за свой личный успех, так и за процветание всей страны.

Именно такие люди создают высокое достоинство нации и являются источником силы государства — государства, у которого есть сегодня и необходимые ресурсы, и четкое понимание своих национальных интересов.

Хотел бы заверить сегодня всех граждан страны, что буду работать с полной отдачей сил как Президент и как человек, для которого Россия — это родной дом, родная земля.

За последние восемь лет был создан мощный фундамент для долгосрочного, свободного и стабильного развития. И этот уникальный шанс мы должны максимально использовать, чтобы Россия стала одной из лучших стран мира, лучшей — для комфортной, уверенной и безопасной жизни наших людей: в этом — наша стратегия, и в этом — ориентир на годы вперед.

Я в полной мере осознаю, как много еще предстоит сделать — сделать, чтобы государство было действительно справедливым и заботливым по отношению к гражданам, чтобы обеспечить самые высокие стандарты жизни, чтобы как можно больше людей могли причислить себя к среднему классу, могли получить хорошее образование и качественные услуги в области здравоохранения.

....

И, наконец, подлинное торжество закона возможно лишь при условии безопасной жизни людей. И я сделаю все, чтобы безопасность граждан была не только гарантирована законом, но и реально обеспечена государством.

Названные мной задачи требуют каждодневного взаимодействия со всеми ответственными политическими силами, с институтами гражданского общества, с партиями, с регионами России.

Рассчитываю, что мир и согласие в нашем общем доме будут и дальше укрепляться сотрудничеством разных конфессий, социальных групп и национальных культур: от этого прямо зависит настоящее и будущее нашей страны.

Дорогие друзья! Вы понимаете, сколь глубокие чувства я сейчас испытываю. Я хорошо осознаю, какой груз ответственности ложится на мои плечи, и рассчитываю на нашу совместную работу.

Я сердечно благодарю Президента Владимира Владимировича Путина за его неизменную личную поддержку, которую я постоянно ощущал. Уверен, что так будет и впредь.

Сама жизнь и ход истории ставят перед нами принципиально новые, еще более сложные задачи. Но убежден, что их достижение абсолютно по силам нашей стране, ее трудолюбивому и талантливому народу.

И сейчас мой долг — служить ему каждый день и каждый час, сделать все для лучшей жизни наших людей, их успеха и уверенности в своем будущем, во имя дальнейшего подъема и процветания нашей любимой Родины — нашей великой России.

Спасибо.

Ключ к упражнению 1

1) Устав ООН
2) Договор о добрососедстве, дружбе и сотрудничестве между Китайской Народной Республикой и Российской Федерацией
3) Протокол девятого заседания Китайско-российской Комиссии по гуманитарному сотрудничеству
4) борьба с терроризмом, сепаратизмом и экстремизмом
5) по приглашению Председателя Китайской Народной Республики Ху Цзиньтао
6) справедливый и рациональный новый международный политический и экономический миропорядок
7) способствовать поддержанию мира и стабильности, а также экономическому развитию в регионе и во всем мире
8) обеспечение мира, стабильности и процветания в Азиатско-тихоокеанском регионе
9) телеграмма соболезнования
10) официальный обед от имени Председателя КНР Ху Цзиньтао в честь Президента России
11) регулярная встреча глав правительств Китая и России
12) Китайско-российский экономический форум
13) углубление сотрудничества в политической, экономической и гуманитарной областях
14) Год русского языка в Китае
15) взаимодействовать на двусторонней и многосторонней основе с другими государствами и региональными форумами
16) Курс на углубление китайско-российских отношений стратегического взаимодействия и партнерства является приоритетным направлением внешней политики двух стран.
17) В современных условиях международная безопасность должна основываться на принципах взаимного доверия, взаимной выгоды, равноправия и сотрудничества.
18) Устойчивое развитие является важной сферой международного сотрудничества.
19) Встреча глав правительств Китая и России прошла в атмосфере дружбы, взаимопонимания и сотрудничества.
20) Стороны выражают удовлетворение итогами встречи.

Литература
参考文献

1) Басаков М. И. Делопроизводство, 100 экзаменационных ответов., Москва — Ростов-на-Дону, 2004.
2) Белов А. Н., Белов А. А. Делопроизводство и документооборот, М., ЭКСМО, 2005.
3) Борунков А. Ф. Дипломатический протокол в России, М., Международные отношения, 2005.
4) Быкова Г. П. Украинский язык и культура делового общения: Учебное пособие для студентов высших учебных заведений (на украинском языке). Украина, Киев, 2006.
5) Кирсанова М. В. Современное делопроизводство, Москва — Новосибирск, ИНФРА-М — Сибирское соглашение, 2002.
6) Кожина М. Н. Стилистика русского языка., М., 1983.
7) Кузнецов И. Н. Делопроизводство, Учебно-справочное пособие, М., 2006.
8) Кузьмин Э. Л. Дипломатическое и деловое общение: правила игры, М., 2005.
9) Попов В. И. Современная дипломатия, М., Международные отношения, 2003.
10) Рогожин М. Ю. Деловые документы в примерах и образцах, М., МЦФЭР, 2003.
11) Солганик Г. Я. Практическая стилистика русского языка, М., 2006.
12) Чуковенков А. Ю., Янковая В. Ф. Правила оформления документов, М., Проспект, 2004.
13) 陈士林：《俄语外贸口语和应用文》，北京大学出版社，1993年。
14) 傅似逸：《高校英语应用文写作教程》，北京大学出版社，2003年。
15) 李先庆：《英语应用文写作》，新时代出版社，2002年。
16) 陆勇：《俄语外贸外事应用文》，对外贸易教育出版社，1992年。
17) 陆勇：《国际商务俄语》，对外经济贸易大学出版社，2008年。
18) 吕凡、正昆、徐仲历：《俄语修辞学》，外语教学与研究出版社，1988年。
19) 骆开廉、梁荣富：《俄语应用文》，四川出版社，1987年。
20) 史美珍、董茂永：《法语应用文写作》，旅游教育出版社，2007年。
21) 史铁强：《商务交际俄语》，北京大学出版社，2006年。
22) 王汉民：《俄语对外贸易文牍》，对外经济贸易大学出版社，1998年。
23) 武瑷华：《外交学教程》，辽宁大学出版社，2003年。
24) 周蓓新、余启国：《当代应用文体写作》，地震出版社，1998年。
25) 中国和俄罗斯相关网站。